AF197475

Meine Lieblingsplätze

chic&cosy

Schöner urlauben in Österreich II

Inhaltsverzeichnis

The Guesthouse Vienna

„Ich möchte die Menschen glücklich machen. Ich glaube, dass gutes Design die Lebensqualität der Menschen verbessern kann", sagt Sir Terence Conran.

Warum ich dieses Zitat erwähne? Auch *ich* möchte mit diesem Buch die Menschen glücklich machen und glaube, dass schöne Hotels die „Urlaubs-Qualität" der Menschen verbessern können. Von der Queen wurde ich für meine Bemühungen leider noch nicht in den Ritterstand erhoben, aber zumindest der britische Stardesigner hat es geschafft. Wahrscheinlich auch, weil er dieses Hotel mitten im 1. Wiener Bezirk so wunderbar ausgestattet hat.

Die Zimmer sind echt chic und stylisch, aber trotzdem gemütlich. Mein absoluter „favourite place" ist das Lounge-Fenster mit wundervollem Blick auf die Staatsoper und die Albertina. Hier könnte ich stundenlang sitzen und das Treiben der Stadt beobachten. Very well sitzt es sich aber auch in der hauseigenen Brasserie & Bakery und ich kann euch versichern: Ein Besuch in diesem Hotel macht auf jeden Fall sehr glücklich!

THE GUESTHOUSE VIENNA
Führichgasse 10 | 1010 Wien | +43 1 5121320 |
office@theguesthouse.at | www.theguesthouse.at

> **"**
>
> Inmitten der Wiener Prachtbauten
> liegt dieses tolle Designhotel,
> in dem man sich sofort
> wie zuhause fühlt.
>
> **"**

Superbude

Wer mich kennt weiß, dass mir eintönige Hotelkonzepte ein Gräuel sind. Umso erfreuter habe ich im Juni 2021 die Eröffnung der Superbude mitverfolgt. Fünf Jahre Planen und Tüfteln haben sich definitiv ausgezahlt, denn diese Mischung aus Hotel & Hostel am Wiener Wurstelprater ist wirklich outstanding!

Mindestens 17 Nächte muss man hier verbringen, um alle Buden auszuprobieren. Und glaubt mir: Es ist die reine Qual der Wahl. Für meine Damenrunde ist die „Vierbettbude Friends" mit dementsprechend vielen Kojen perfekt. So können wir zu späterer Stunde im Bett noch das eine oder andere wichtige Thema abhandeln, bevor ein „Gute Nacht, John Boy. Gute Nacht, Mary Ann" den Schönheitsschlaf einleitet und die Vorhänge der Reihe nach zugezogen werden.

Für jüngere Semester empfehle ich die „Discobude". Hier kann man zu fünft in einem Bett liegen und die Nacht zum Tag machen. Zahlreiche Discokugeln, ein fettes Soundsystem und extra dicke Wände machen es möglich. Alle anderen Buden müsst ihr bitte selber entdecken, aber kurz noch mein Resümee: Diese super Bude macht ihrem Namen alle Ehre!

SUPERBUDE WIEN
Perspektivstraße 8 | 1020 Wien | +43 1 9043439 |
prater@superbude.wien | www.superbude.com

Im Erdgeschoß gibts im Brenner Café „All Day Breakfast" und das Rooftop-Restaurant „Neni" bietet israelisch-orientalische Speisen vom Feinsten.

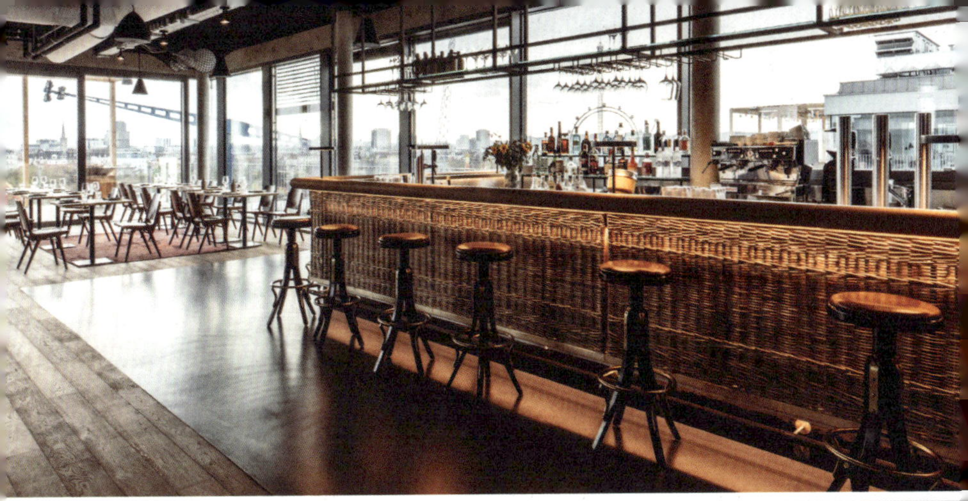

YOU'RE
AT
HOME
BABY

GOT YOUR
BAG, BRO!
Fuck
Yes

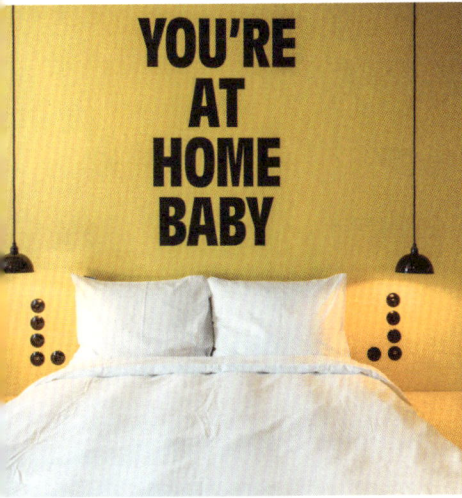

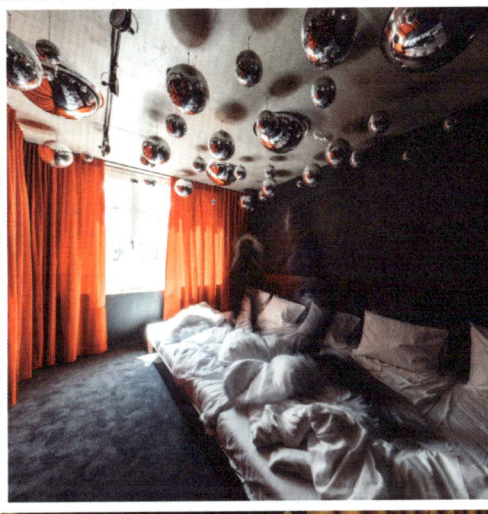

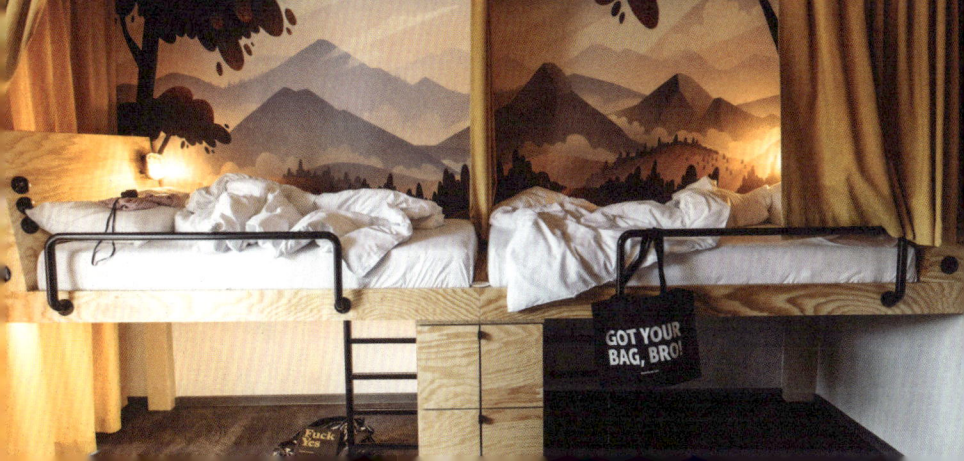

magdas Hotel

Ihr Lieben, versprecht mir bitte mindestens eine Nacht in diesem außergewöhnlichen Haus zu verbringen – das liegt mir wirklich am Herzen!

Magdas Hotel ist ein Social Business mit der Intention, Menschen mit Fluchthintergrund eine Arbeitsstätte zu bieten bzw. eine fundierte Ausbildung zu ermöglichen. Multikulti und weltoffen ist daher die Atmosphäre in diesem 2015 eröffneten Vintage-Hotel, wo Menschen aus 14 Nationen einen Job gefunden haben und insgesamt 23 Sprachen sprechen.

Kein Zimmer gleicht dem anderen, denn alles, was an Mobiliar im vormaligen Seniorenhaus noch vorhanden war, wurde kurzerhand upgecycelt: Biedere Einbaukästen haben ein neues Dasein als Tisch und Bank gefunden, halbierte Sessel fungieren als Nachtkästchen und die Lampenschirme sind von Freiwilligen selbst gehäkelt. Neben den 78 Wohneinheiten gibt es auch noch zwei Wohngemeinschaften für Jugendliche, die ohne ihre Eltern nach Österreich gekommen sind. Please, be open-minded für diesen hotelgewordenen Melting-Pot an Sprachen und Kulturen!

MAGDAS HOTEL
Laufbergergasse 12 | 1020 Wien | +43 1 7200288 |
info@magdas-hotel.at | www.magdas-hotel.at

Mit einer Buchung im magdas
veränderst du die Welt
quasi im Schlaf, indem
du dieses tolle Social
Business-Hotel
unterstützt!

Jaz in the City

Long, long ago beim Jazz-Festival in Saalfelden. Ich werde es nie vergessen! Eine Band gibt sich voller Inbrunst dem „Free Jazz" hin und die damals achtjährige Freundin meiner Tochter dreht sich zu mir um und sagt: „Irmi, ich glaub die spiel'n a bissl falsch?"

Das im August 2021 eröffnete Lifestyle Hotel hat dagegen noch keinen einzigen falschen Ton von sich gegeben sondern frische Beats nach Wien gebracht. Musik ist elementarer Bestandteil des Hotelkonzepts, das sieht man schon an der mit Noten und Saxofonen bemalten Fassade. Einmal drinnen schlägt Vinyl-Liebhabern das Herz auf Bass-Niveau, denn die Rezeption fungiert zugleich als Plattenladen, wie Leute meines Alters ihn noch von früher kennen.

Alle Zimmer verfügen über einen Plattenspieler, und dem Musikhimmel ganz nah fühlt man sich im „Offbeat Loft" mit atemberaubendem Blick über die Dächer Wiens. Die Gäste erwartet täglich Live-Musik, Konzerte und spontane Sessions. Mein Tipp für alle Groupies: Alte BHs einpacken, denn in der Rooftop-Bar mit lässigem Outdoor-Bereich trifft man sicher den einen oder anderen Künstler hautnah an!

JAZ IN THE CITY
Windmühlgasse 28 | 1060 Wien | +43 1 25300610 |
hi.vienna@jaz-hotel.com | www.jaz-hotel.com

"

Eine Schallplatte von der Rezeption holen
und sich wie ein neuer Stern am
Rock-Himmel fühlen – in der 45 m²
großen Backbeat Suite.
Das rockt!

"

Motto

Das Paris der 1920er: Nach den harten Kriegsjahren herrscht
Aufbruchstimmung in der Stadt der Liebe und sie zieht Intellek-
tuelle, Literaten und Künstler an.

Diese Zeit übt bis heute eine große Faszination aus und so haben
es die „Roaring Twenties" auch dem Wiener Szenegastronom
Bernd Schlacher, der auch das legendäre Lokal „Motto am Fluss"
betreibt, angetan. Eröffnet im Herbst 2021, strahlt das ehema-
lige Hotel Kummer entgegen seinem früheren Namen nun pure
Lebensfreude aus.

Je suis enthousiaste! Das soll heißen: Ich bin total begeistert von
den hübschen Zimmern im Stile des Art déco. Teppiche, Möbel,
Fliesen und Lampen wurden extra für das Hotel entworfen und
die mit floralen Stoffen bespannten Wände sowie die opulenten
Kronleuchter versprühen Pariser Flair. Manche Vintage-Möbel
hat der Hausherr sogar aus dem Ritz Carlton ersteigert und stilsicher in die Einrichtung integriert.

Wenn der Schanigarten offen hat, kann auch in der hauseigenen
Boulangerie „Motto Brot" gefrühstückt werden, und wie Gott
in Frankreich speist es sich im Restaurant „Chez Bernard". Bon
appétit!

HOTEL MOTTO
Mariahilfer Straße 71a / Schadekgasse 20 | 1060 Wien | +43 1 5814500 |
hello@hotelmotto.at | www.hotelmotto.at

> **„**
>
> Eine wunderbare
> Liebesgeschichte zwischen
> Wien und Paris.
>
> **"**

Altstadt Vienna

Manchmal hadere ich mit mir und vor allem mit meinem Buchformat. Wie soll ich jetzt in ein paar Zeilen und auf so wenig Papier ein derart außergewöhnliches Hotel wie das Altstadt Vienna beschreiben?

Das Haus erinnert mich an ein Kaleidoskop. Von außen betrachtet eher unauffällig und dann blickt man hinein und ist begeistert von der Pracht, die sich eröffnet. 62 Mal kann man daran drehen, so viele Zimmer und Suiten beherbergt das Stadtpalais, und alle sind völlig unterschiedlich. Hinter jeder Tür verbirgt sich eine andere faszinierende Welt, gestaltet beispielsweise von Stararchitekt Matteo Thun oder Modedesigner Atıl Kutoğlu. Vor Kurzem hat auch Stammgast Tobias Moretti einem Zimmer seinen Namen gegeben.

Noch ein weiteres Detail finde ich in diesem Haus besonders erfrischend: Im Laufe der letzten drei Jahrzehnte ist das Hotel organisch gewachsen, indem Wohnungen zugekauft und in Hotelzimmer verwandelt wurden. Das heißt damit auch, dass man hier mit echten Wienern Tür an Tür wohnt. Mein Tipp: Ein „Servus" im Stiegenhaus passt daher immer.

ALTSTADT VIENNA
Kirchengasse 41 | 1070 Wien | +43 1 5226666 |
hotel@altstadt.at | www.altstadt.at

Das Altstadt Vienna beherbergt
auch eine beachtliche Sammlung
an zeitgenössischer Kunst:
Warhol, Attersee, Helnwein
und viele andere sind
zu bestaunen.

Wiener Gäste Zimmer

„Sauer macht lustig" sagt ein altes Sprichwort und auch ich war äußerst amüsiert, als ich das erste Mal von den Wiener Gäste Zimmern hörte. Wer sonst als ein Essigbrauer kann so verrückte Unterkünfte anbieten, dachte ich mir. Die Zimmer im Hause Gegenbauer haben aber nichts mit Schabernack zu tun, sondern sind Teil einer Lebenseinstellung.

Aus ehemaligen Kleinwohnungen am Gelände der Essigfabrik entstanden 2014 die „Wiener Gäste Zimmer". Der Essigpapst, wie Erwin Gegenbauer gern genannt wird, möchte, dass sich seine Gäste wohlfühlen und nicht von Unnötigem abgelenkt werden. Fernseher, Vorhänge und Bilder gibt es daher nicht, aber ein multifunktionales Bett, das zugleich als Schlafstätte, Schrank, Ablage und Designelement dient.

Reduziert aufs Wesentliche sind auch die 2021 eröffneten Strohzimmer auf den ehemaligen Lagerflächen des Firmengeländes. Aus getrockneten Getreidehalmen wurden Wände und Betten fabriziert und ausrangierte Barrique-Fässer zu Waschtisch und Sessel upgecycelt. Wenn das Lavoir (auf Wienerisch: Lavur) voll ist, muss man es einfach ausleeren, und die Lichtschalter hängen von der Decke. Wenn ich das nächste Mal Strohwitwe bin, fahr ich bestimmt hierher.

WIENER GÄSTE ZIMMER
Waldgasse 3 | 1100 Wien | +43 1 6041088 |
rooms@gegenbauer.at | www.gegenbauer.at

> 99
>
> Eine absolut
> außergewöhnliche Location
> im 10. Wiener Gemeindebezirk.
>
> 66

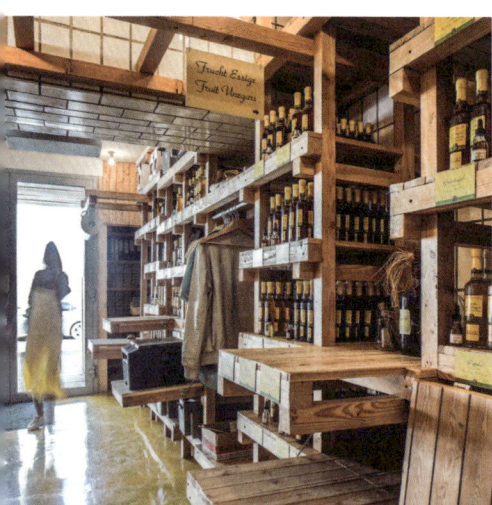

JO&JOE

Während meiner Studienzeit in Wien sind wir immer wieder mit dem IKEA-Bus – ja, den gabs wirklich, und zwar bis 2012 – nach Vösendorf gefahren. Viel lustiger war allerdings die Heimfahrt. Zwischen Yucca-Palmen und Billy-Regalen eingepfercht, musste man wahrlich um die eigene Gesundheit bangen. Gut, dass die schwedische Möbelkette im Herbst 2021 nun ihren ersten urbanen Store gleich ums Eck vom Westbahnhof eröffnet hat. Und noch besser: In den beiden obersten Etagen wurde ein sehr innovatives Hospitality-Konzept umgesetzt.

Jo&Joe ist eine Mischung aus kommunikativem Hostel und unkompliziertem Hotel. In einem „Together" Schlafsaal kann man schon ab 18 Euro sehr stylisch nächtigen. Mehr Privatsphäre und auch ein eigenes Bad gibts in den „Yours" Zimmern.

Absolutes Highlight ist die 1.800 m² große und öffentlich zugängliche Dachterrasse mit tollem Blick über die Stadt. 160 Bäume an den vier Fassadenseiten und auch auf dem Dach sorgen im heißen Wiener Sommer für angenehme, kühlere Luft. In den beiden Food-Containern gibts Erfrischungen und kleine Snacks.

JO&JOE
Europaplatz 1/6 | 1150 Wien | +43 1 4180060 |
vienna@joandjoe.com | www.joandjoe.com

Eine grüne Oase inmitten
des Großstadtdschungels
gleich ums Eck
vom Westbahnhof.

Moxy

Ich bin schon ein paar Mal auf Flughäfen festgesessen. Zwar nicht 18 Jahre wie Tom Hanks im Film „The Terminal" – auf einer wahren Geschichte basierend – aber auch eine einzige Nacht kann in einem schmuddeligen Quartier ziemlich lange werden.

Ich bin froh, dass es seit ein paar Jahren das Moxy Vienna Airport gibt. Die stylische Hotelkette gehört zum Marriott Konzern und ist so lebendig gestaltet, wie es eben zu einem pulsierenden Ort wie einem Flughafen passt. Rund um die Uhr kommen und gehen Menschen aus aller Welt und checken an der 24/7-Bar ein, oder auch bequem per App, die dann per SMS informiert, sobald das Zimmer bezugsfertig ist. Gebucht werden können auch Tageszimmer zwischen 9 und 17 Uhr. Das ist ideal für Reisende, die einen langen Stopover haben – oder auch für Leute, denen das Hotel Orient in Wien für ein Schäferstündchen zu teuer ist. Aber – hey – ich will jetzt niemanden auf dumme Gedanken bringen.

Getränke und Snacks gibts natürlich auch rund um die Uhr sowie einen kleinen Shop mit Futter und Reisezubehör für mitreisende Vierbeiner. Wow!

MOXY VIENNA AIRPORT
Ausfahrtsstraße 4 | 1300 Wien | +43 1 3763760 |
reservation@moxy-airport.at | www.marriott.com

99

Das hippe Airport-Hotel ist nur
200 Meter von den Terminals
entfernt und durch
einen unterirdischen
Gang verbunden.

66

Knappenhof

Vor über einem Jahrhundert, genauer gesagt 1907, wurde dieses Fin-de-Siècle-Landhaus neben den großen Häusern am Semmering als quasi frühes Boutiquehotel erbaut. Ein aus heutiger Sicht amüsanter Zeitungsbericht aus 1908 informiert, wie zahlreiche touristische Vereinigungen und auch der Wintersportclub mit einer Abordnung bis spät in die Nacht gefeiert haben.

Frisch renoviert hat der Knappenhof im Juni 2021 erneut seine Pforten geöffnet. Wie lange diesmal die Party gedauert hat, weiß ich nicht, aber auch ich erhebe mein Glas auf das gelungene Makeover. Die Lage des Hauses ist sowieso einzigartig: Von der Sonnenterrasse aus lässt man den Blick über Wiesen und Wälder ins Tal schweifen, die (Hollywood)-Kulisse dahinter bildet das majestätische Rax-Bergmassiv.

Der neue Look ist genau meins! Alte Bauernmöbel gepaart mit samtigen und farbenfrohen Polstermöbeln, Hirschgeweihe fungieren als Lüster und sind auch auf den edlen Stoffvorhängen zu finden. Mein Lieblingsplatz ist die hübsche neue Bar, mit viel Rot und Gold sehr stylisch und gemütlich. Mein Kompliment an Hoteldirektorin Helena, die dieses traditionelle Haus in einen alpinen Paradiesvogel verwandelt hat!

HOTEL KNAPPENHOF
Kleinau 34 | 2651 Reichenau/Rax | +43 2666 53633 |
reception@knappenhof.at | www.knappenhof.at

> **"**
>
> Max Siegl, von Gault&Millau 2021 zum Koch des Jahres gekürt, sorgt für paradiesische Zustände auch im Restaurant.
>
> **"**

Holzapfel

Wenn meine amerikanischen Freunde zu Besuch in Österreich sind, dann organisiere ich jedes Mal einen Ausflug zu einem besonderen Ort. Sie sollen ja sehen, wie schön und abwechslungsreich unser Land ist. Diesmal geht es in die Wachau, genauer gesagt nach Weißenkirchen, und für das Mittagessen hab ich mir das Gutshofrestaurant vom Weingut Holzapfel ausgesucht.

Meine Friends, die aus einem Land kommen, das im Jahr der Gründung unserer Salzburger Stiegl-Brauerei entdeckt wurde, sind vom 700 Jahre alten Prandtauerhof überwältigt! Auch ich bin immer wieder frisch verliebt in diesen vierflügeligen Hof mit der auffälligen Fassade – und dem einzigartig schönen Arkadenhof. Glückselig sitzen wir zwischen Palmen und blühenden Oleandersträuchen und lassen uns das Flascherl Veltliner vom eigenen Weingut schmecken.

Wer auch noch die edlen Obstbrände des Hauses verkosten möchte, dem empfehle ich, sich rechtzeitig in eines der drei Zimmer oder in die 75 m² große Gutshofsuite einzumieten. Die wertigen Stoffe und fröhlichen Farben lassen den „Tag danach" dann zumindest erfreulich beginnen.

WEINGUT HOLZAPFEL
Prandtauerplatz 36 | 3610 Weißenkirchen i.d Wachau | +43 2715 2310 |
weingut@holzapfel.at | www.holzapfel.at

„
In der 2021 neu eröffneten Greißlerei
gibt es neben Spitzenweinen
und Delikatessen auch gut
gefüllte Jausenkörbe.

„

INNs HOLZ

„Alles Schlechte hat auch sein Gutes." Ich finde dieses Sprichwort stimmt fast immer. So habe ich beispielsweise während der Phase des bösen „C" – den ganzen Namen spreche ich hier nicht aus – Zeit gefunden, meine Idee vom Hotelguide zu realisieren und dadurch Gegenden in Österreich entdeckt, die ich bisher nur vom Namen her kannte.

Eine davon ist der Böhmerwald. Diese Landschaft ist so märchenhaft schön, dass es das perfekte Setting für eine Neuverfilmung von „Hänsel und Gretel" wäre. Die beiden würden glückselig herumspazieren, die Hexe freundlich grüßen und dann in einem der romantischen Chalets vom INNs HOLZ einchecken.

Es sind gerade Ferien und daher herrscht „Family Time" im Hotel & Chaletdorf, sodass Hänsel und Gretel freudig am kostenlosen Aktiv-Programm teilnehmen. Außerhalb dieser Zeiten bleiben – neu seit 2021 – die Erwachsenen unter sich und genießen das Resort als „adults only". So hat auch die Hexe ihre Ruhe im exklusiven Poolhaus mit der schönen Panorama-Lounge und alle leben glücklich bis an ihr Lebensende.

INNS HOLZ NATUR- UND VITALHOTEL
Schöneben 10 | 4161 Ulrichsberg | +43 7288 70600 |
info@innsholz.at | www.innsholz.at

Ein märchenhaftes Naturrefugium
mit herrlichem Badesee und
tollem Wellnessbereich.

Goldener Ochs

Ich bin in einer Frühstückspension aufgewachsen. Wir hatten sehr viele Stammgäste, unter anderem auch ein kinderloses Ehepaar, das mich während seines jährlichen Sommerurlaubs als Leihkind annahm. Ich durfte sogar auf dem Sofa in dessen Zimmer schlafen. Heutzutage würde das vielleicht komisch anmuten, aber ich kann es dafür umso besser verstehen, wenn Junior-Chefin Verena sagt, dass sie manche Gäste schon seit über 30 Jahren kennt.

2018 hat sie den Betrieb von ihren Eltern übernommen und seither ist schon ziemlich viel passiert: In kurzer Zeit wurde mit der Traunvilla ein neues Hotelgebäude realisiert, das Haupthaus mit Farben und Accessoires aufgepeppt und im ehemaligen Pferdestall eine charmante Bar eröffnet, wo Salonkultur gepflegt wird. Die „Teatro-Tapete" von Fornasetti ist mir sofort ins Auge gestochen und der Negroni vom Fass schmeckt einfach wunderbar in diesem coolen Ambiente.

Noch so viele andere nette Platzerl gibts in diesem Haus mit herrlichem Blick auf den Traunfluss: das gemütliche Restaurant, den schönen Garten und den feinen Wellnessbereich mit Indoorpool, um nur einige zu nennen. Mein Tipp: Wer keine eigene Kaiservilla in Bad Ischl zur Verfügung hat, unbedingt im Goldenen Ochs einchecken!

HOTEL GOLDENER OCHS
Griesgasse 1 | 4820 Bad Ischl | +43 6132 23529 |
office@goldenerochs.at | www.goldenerochs.at

„
Arthur Schnitzler war hier schon
zu Gast und so finden sich
seine gesammelten
Werke zum Lesen
in der Bar.

„

Dachstein 7

Mit meinen Golden Girls – ich habe diese Serie geliebt – geht es diesmal nach Gosau und auf der Packliste, die ich erst drei Tage vor unserer Reise durchgebe, stand „Wanderschuhe und legere Bekleidung".

Der Herbst präsentiert sich von seiner prächtigsten Seite und so umrunden wir vorm Einchecken in unser Appartementhaus noch den Vorderen Gosausee. Eine wunderschöne Wanderung, und die leicht angezuckerten Berge lassen bei mir schon Freude auf den bevorstehenden Ski-Winter aufkommen.

Auch freudig, aber wedelnd, empfängt uns Hündin Olivia samt Hausherrin Anke, gemütlich am Hausbankerl sitzend. Zum Wedeln haben wir nix, aber dafür sind wir umso mehr begeistert von unserem hübschen Quartier „Q5 Plassen". Auch die Betten-zuteilung ist schnell erledigt: Sportskanone Karin wagt den Auf-stieg ins obere Stockbett und wir drei anderen sitzen noch im Pyjama mit einem Glas Rotwein unten. Schnell macht sich Ski-Kurs-Feeling breit und wir sind froh, dass wir in unserem Alter schon offiziell Alkohol trinken dürfen. Prost!

DACHSTEIN 7
Stötzlgasse 7 | 4824 Gosau | +43 6136 20501 |
office@dachstein7.com | www.dachstein7.com

> 99
>
> Auf der Tafel im Stiegenhaus
> können wir einen Sauna-Slot
> eintragen. Es ist so gemütlich in
> unserem privaten Wellness-Bereich,
> und im Kamin flackert
> ein wohliges Feuer.
>
> 66

Blaue Gans

Ach, wie viele schöne Abende habe ich schon im Gastgarten der Blauen Gans verbracht! Während der Festspielzeit tummelt es sich hier ganz ordentlich im ältesten Gasthaus der Stadt. Es ist zwischen Getreidegasse und Karajanplatz gelegen, mit Blick auf die abendlich so schön beleuchtete Pferdeschwemme.

Anderl, so nennen ihn die Salzburger, bekam als 26-Jähriger bei einem Auslandsaufenthalt überraschend einen Anruf der Eltern: Der Pächter ist weg. Er zögerte nicht lange und eröffnete im Juni 2002 das erste „Arthotel" Salzburgs.

Der Hausherr ist sehr kunstaffin und so macht es ihm Freude, seine „Sammelbox", wie er das Hotel gerne nennt, mit den Werken namhafter Künstler zu schmücken. Die Bilder an den Wänden sind genauso individuell wie die 35 Zimmer und Suiten.

In einem fast 700 Jahre alten Haus sind rechte Winkel rar, darum gleicht auch kein Gemach dem anderen – jedes ohne viel Schnickschnack, dafür aber stilsicher eingerichtet. Gänsehaut-Feeling pur, das kann ich euch garantieren!

ARTHOTEL BLAUE GANS
Getreidegasse 41-43 / Herbert-von-Karajan-Platz 3 | 5020 Salzburg | +43 662 8424910 | office@blauegans.at | www.blauegans.at

Ein kunstsinniges Hotel mit Gastgarten,
Bar und gemütlicher Stube,
mittendrin im Geschehen
der Mozartstadt.

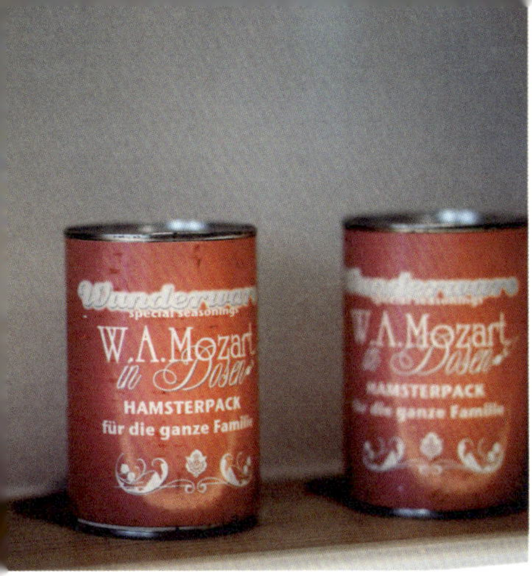
special seasonings
W.A.Mozart
in Dosen
HAMSTERPACK

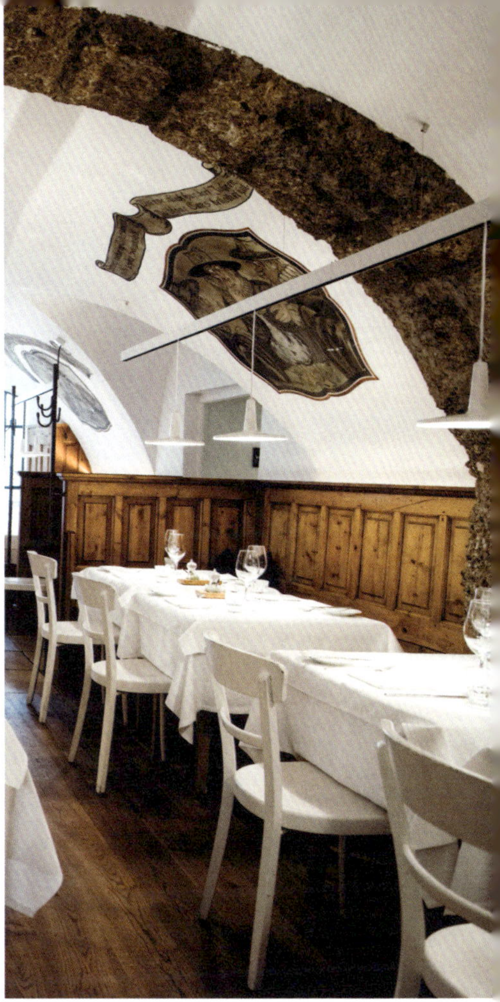

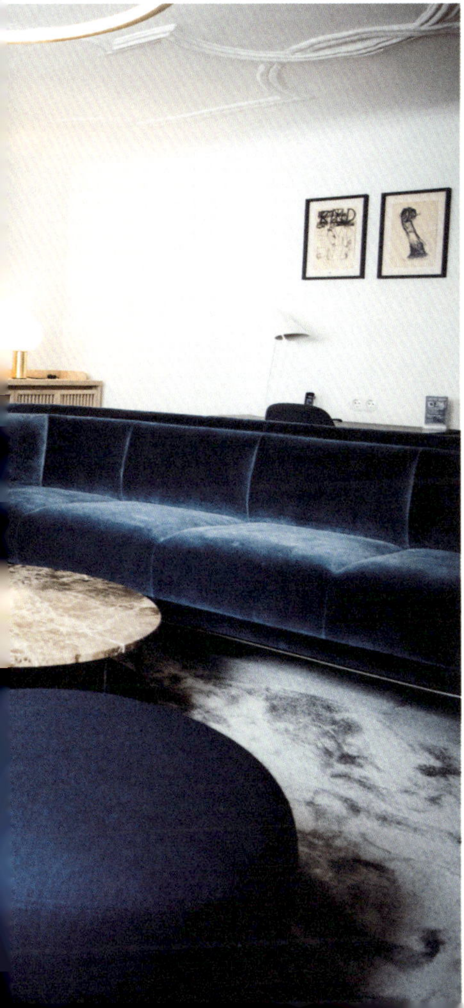

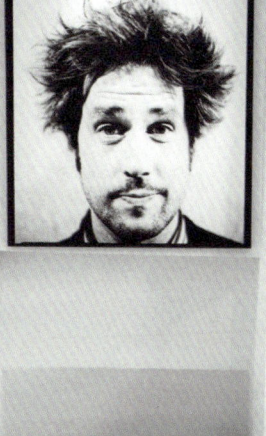

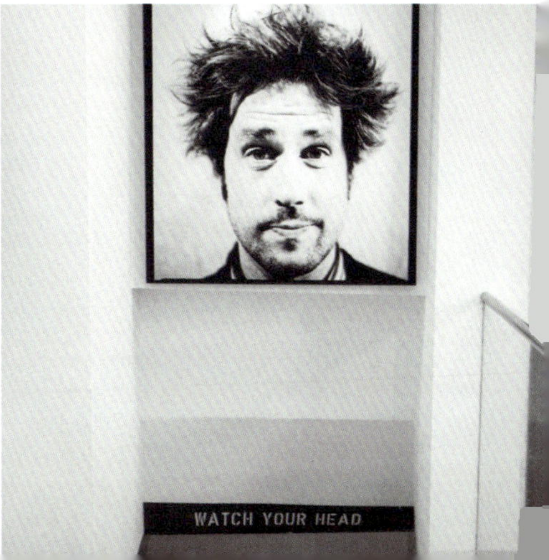
WATCH YOUR HEAD

Villa Ivy

Selten habe ich mich über die Eröffnung eines Hotels derart gefreut wie in diesem Fall. Ich wohne gleich ums Eck und mein gefühlt halbes Leben bin ich schon auf dieser wunderschönen Terrasse gesessen und habe den Blick über die Heidelbeerfelder hin zum sagenumwobenen Untersberg genossen. Der Dalai Lama meinte bei einem Salzburgbesuch sogar, dieser Berg sei das Herz-Chakra Europas. Ich finde, diese magische Energie ist an diesem Platz und auch hier im Haus überall zu spüren.

Die hübsche Villa aus den 30er Jahren verfiel vor einiger Zeit in einen Dornröschenschlaf und wurde im Sommer 2021 endlich wieder wachgeküsst. Der Name „Ivy", also Efeu, hält was er verspricht: Ums Haus herum ranken und sprießen Pflanzen und Kräuter im Überfluss. Entsprechend sind die 18 Zimmer benannt, wie beispielsweise Poppy (Mohn), Sage (Salbei) oder Rosemary (Rosmarin).

Im Frühstücksraum sitzt man unter einem opulenten Bouquet, das von der Decke prangt. Wandvertäfelungen, samtige Stoffe und zeitgenössische Kunst machen dieses Haus zu einer Oase der Gemütlichkeit, und der Hellbrunner Schlosspark und Zoo sind nur ein paar Schritte entfernt.

VILLA IVY
Hellbrunnerstraße 73 | 5081 Anif | +43 720 115746 |
booking@numastays.com | www.villaivy.at

> Im Restaurant Kombu
wird großartige asiatische
Fusionsküche
serviert.

Der Steinerwirt

War es Bestimmung oder Zufall – darüber ließe sich nun lange philosophieren – dass sich zwei ambitionierte junge Frauen zufällig im „Mama Thresl" in Leogang kennenlernen? Lisa führte dort die Geschäfte, Julia kam als Gast. Man bzw. frau kam ins Gespräch und schwupps haben sich die beiden zum „Stoana-Wirt-Dreamteam" verbandelt.

Ein ziemlich frischer Wind weht daher seit 2021 in Lofer, vor allem in einem spätgotischen Landgasthof aus dem 16. Jahrhundert mit Gewölbe, Holzbalkendecken und gediegenem Marmorboden. Denn die zwei energiegeladenen Ladies haben das alte Traditionsgasthaus mit viel Esprit, Rattan und soften Naturtönen in ein hippes Designhotel & Hangout verwandelt.

Wie bei den Friends vom 25hours Hotel ist „Come as you are" das Motto des Hauses, man muss ja das Rad nicht immer neu erfinden. Die Atmosphäre ist daher ziemlich relaxt. Es wird geplaudert und gechillt sowie ALL DAY LONG gefrühstückt. Der spanische Küchenchef bringt mit Viva-Mexico-Toast und Nachos mediterranes Flair ins Haus und serviert frische Tapas auch für externe Lofer-Lovers!

DER STEINERWIRT
Lofer 48 | 5090 Lofer | +43 6588 8303 |
info@dersteinerwirt.at | www.dersteinerwirt.at

Ideal für meinen
nächsten Damenausflug,
das „STOANA 4 FRIENDS":
2 separate Doppelzimmer,
Doppel-Dusche und
private Terrasse
samt eigenem
Whirlpool.

Villa Alma

Jedes Mal, wenn ich nach St. Gilgen fahre und nach der letzten langen Kurve mein erster Blick auf den Wolfgangsee fällt, geht mir das Herz auf. Ich habe hier vor vielen, vielen Jahren mein dreimonatiges Schulpraktikum absolviert und fühle mich noch immer sehr verbunden mit diesem reizenden Ort.

Absolut last minute – genauer gesagt zwei Tage bevor dieses Buch in Druck geht – düse ich deshalb wieder zur Stätte meiner Jugend, um die „Villa Alma" zu besichtigen. Ich kann euch aus ganzem Herzen versichern: Hier wird die Sommerfrische neu erfunden!

Die historische Villa mit eigenem Badeplatz, Steg und Bootshaus präsentiert sich im neuen Kleid. Die acht Zimmer, alle mit Balkon und herrlichem Seeblick, sind in sanften Pastellfarben einge-richtet und in der Lakeview Suite können bis zu vier Personen in getrennten Schlafzimmern träumen. Ein Traum auch das Früh-stück auf der Seeterrasse. Im Alma's Deli, das auch für externe Gäste geöffnet ist, kann man sich tagsüber bei frischen Snacks, Kaffee und Säften die Sonne aufs Haupt scheinen lassen.

VILLA ALMA
Mondseestraße 20 | 5340 St. Gilgen am Wolfgangsee | +43 664 2403000 |
hello@villaalma.at | www.villaalma.at

Sommerfrische 2.0
am Wolfgangsee mit
Rädern und Paddle Boards
zum Ausborgen.

Townhouse

Mindestens zweimal pro Jahr fahre ich mit meinem Mann oder meinen Freundinnen zu Silke nach Abtenau ins „Frauenzimmer" zum Shoppen. Silke ist eine coole Frau. Ich kenne sie aus Salzburg und als ich hörte, dass sie gemeinsam mit ihrer Mutter Anneliese ein Geschäft eröffnet, wusste ich sofort: Das wird sicher etwas Besonderes.

Viele Kundinnen und Kunden – es gibt auch fesche Männerbekleidung im „Frauenzimmer" – kommen extra aus Zürich, München und Wien angereist, um sich von Silke einkleiden zu lassen. So war es eigentlich nur noch eine logische Konsequenz, das leerstehende Stockwerk über dem Laden in vier Zimmer zu verwandeln. Benannt nach den Mode-Ikonen „Coco", „Grace", „Teresa" und „Frida".

Nach herausfordernden Umbauarbeiten – das Gemäuer wurde urkundlich schon im 17. Jahrhundert erwähnt – ist 2021 schließlich ein kleines Townhouse mit einer Mischung aus Wabi Sabi, Industrial Style und Traditionell-Urbanem herausgekommen. Wie nicht anders zu erwarten war, hat Silke auch hier ihren außergewöhnlich guten Style perfekt umgesetzt. Ich gratuliere!

TOWNHOUSE BY FRAUENZIMMER
Markt 24 | 5441 Abtenau | +43 664 5077970 |
info@townhousebyfrauenzimmer.com | www.townhousebyfrauenzimmer.com

> Die alten Holzbalken des Hauses wurden zu Waschtischen umfunktioniert, und die Lampenschirme sind mit Stoffen der österreichischen Designerin Lena Hoscheck bezogen.

Peakini

Das „Freudenhaus" in Obertauern übt eine magische Anzie-
hungskraft auf mich aus! Nicht was ihr jetzt denkt – ich bin ja
eine anständige Frau! Aber in diesem Ort eröffne ich jährlich
meine Skisaison und fix damit verbunden ist ein Besuch in diesem Shopping-Paradies auf drei Etagen, das auch wie das Peakini
Klubhaus zum traditionsreichen Lürzer-Familienunternehmen
gehört.

Das Motto „easy living" passt perfekt zu dem 2019 eröffneten
Haus, welches in unmittelbarer Nähe zur Skipiste, aber auch
mitten in der Partyzone von Obertauern liegt. Die lockere
Atmosphäre und das originell eingerichtete Haus im industrial
Vintage-Look kombiniert mit Graffitis, Sprüchen und sexy
Bildern, ist nichts für Spießer.

In den Zimmern liegen Ohropax auf – für alle, die einen leichten
Schlaf haben. Diese brauch ich nicht, weil eine gute Playlist mir
durchaus lieber ist als mein Tinnitus. Und wer nach einer langen
Nacht mit Party oder auch fiesen Ohrgeräuschen „refresh-relax-
recharge" braucht, der findet dies in den wohlduftenden Zirben-
kojen im Saunaclub und ist alsbald fit für den nächsten Abend.

PEAKINI KLUBHAUS
Ringstraße 53 | 5562 Obertauern | +43 6456 7662 |
peakini@luerzer.at | www.peakiniklubhaus.at

> "
>
> Morgens wird in der Peakini Zone
> gefrühstückt, ab 17 Uhr
> wird sie zum hippen
> Burger Grill & Bar.
>
> "

Blü

Normalerweise geht mir das Texten relativ schnell von der Hand. In diesem Fall bin ich aber sehr lange vor meinem Computer gesessen. Nicht, dass es nur wenig über dieses 2021 eröffnete Haus zu berichten gäbe, ganz im Gegenteil. Was mich so lange beschäftigt hat, war der Name und wofür er steht. Denn BLÜ steht vor allem auch für „aufBLÜhen"!

Die Gastgeberin und ich sind sozusagen „Zweitblüher". Ich nach meiner Tätigkeit in der PR mit meinen Hotelguides und Eva, die sich nach 20 Jahren Juristerei in Wien nochmal frisch umgetopft hat, um im Gasteinertal Wurzeln zu schlagen. Farbenfroh und fröhlich wie eine Blumenwiese ist ihr „Alpine Casuelness Hotel", das sich als „muss-freie-Zone" deklariert.

Den ganzen Tag im Bett bleiben? Why not? Frühstück à-la-carte ist ganztags möglich! Early Birds werden dafür auch mal mit köstlichem Shakshuka, versunkenen Eiern in Tomatensoße oder mit einer Pho – der trendigen vietnamesischen Suppe – verwöhnt. Keine Sorge, Marmelade und Semmeln gibts auch – aber die internationalen Gerichte bringen die Geschmacksknospen besonders zum ErBLÜhen!

HOTEL BLÜ GASTEIN
Kaiser-Franz-Platz 1 | 5630 Bad Hofgastein | +43 6432 6230 |
info@hotelblue.at | www.hotelblue.at

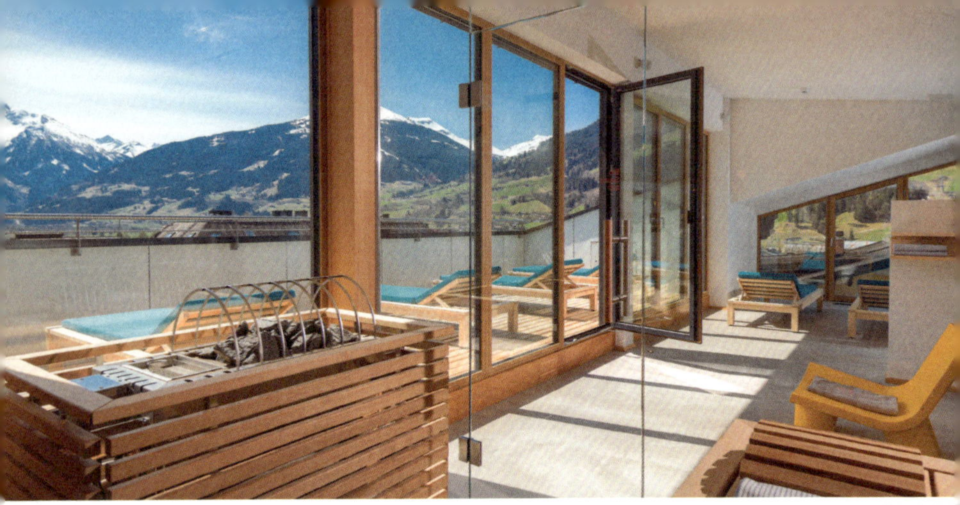
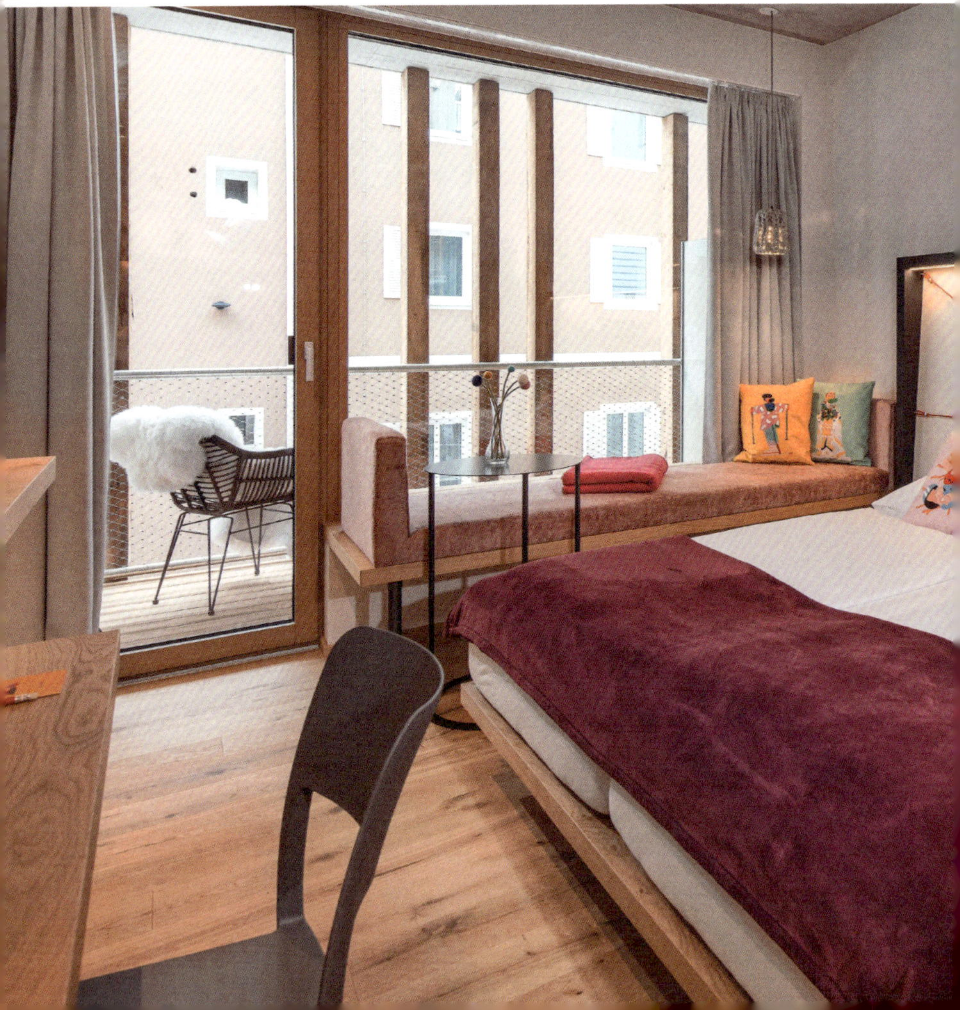

> Auf der Dachterrasse blühen
> im Sommer Blumen und Kräuter,
> wie in einem echten Bauerngarten,
> und werden dann in der
> Küche verarbeitet.

Goldstück

In Zeiten von 3 oder auch 2G, freue ich mich besonders über 5B: Beautiful, Boutique, Bar, Bed & Breakfast!

Den Werdegang des Goldstücks habe ich nicht auf der Börse, sondern schon des längeren in den Sozialen Medien mitverfolgt. Sogar als „Probeschläferin" habe ich mich inkognito fürs Pre-Opening im Sommer 2021 beworben. Aber daraus wurde leider nichts. Wahrscheinlich hat mein Mann – auch ein Pinzgauer – rücksichtsvollerweise verraten, dass ich gelegentlich des Nächtens Geräusche von mir gebe. Es sollen ja nicht gleich die ersten Gäste wegen mir verjagt werden.

Egal, es gibt viel Wichtigeres zu berichten. Die zwei Weltenbummler Madlen und Andreas haben aus diesem Haus ein „bestof-the-best" erschaffen, fernab der typischen Ferien-Hotellerie. „Frühglück" nennt sich die erste Mahlzeit des Tages und auch abends muss Frau bzw. Mann – es ist ein „adults only" – nicht hungrig zu Bett gehen: Am Küchenblock wartet ein Gericht zur Selbstbedienung. Ich kann euch guten Gewissens versichern: sehr goldig ist es hier!

GOLDSTÜCK
Obertaxingweg 534 | 5753 Saalbach-Hinterglemm | +43 6541 20488 |
info@goldstueck-saalbach.at | www.goldstueck-saalbach.at

HERR WERNER

KAFFEE 250G 10 €

BOTTLED COCKTAIL 500ML 40 €

COFFEE MAKER 149 €

HAIR WASH 8 €

BODY LOTION 9 €

PLATTENSPIELER 359 €

BARSHAKEBOX 239 €

> Die gut bestückte Bibliothek kann abends nach Lust und Laune in eine Kinolandschaft verwandelt werden.

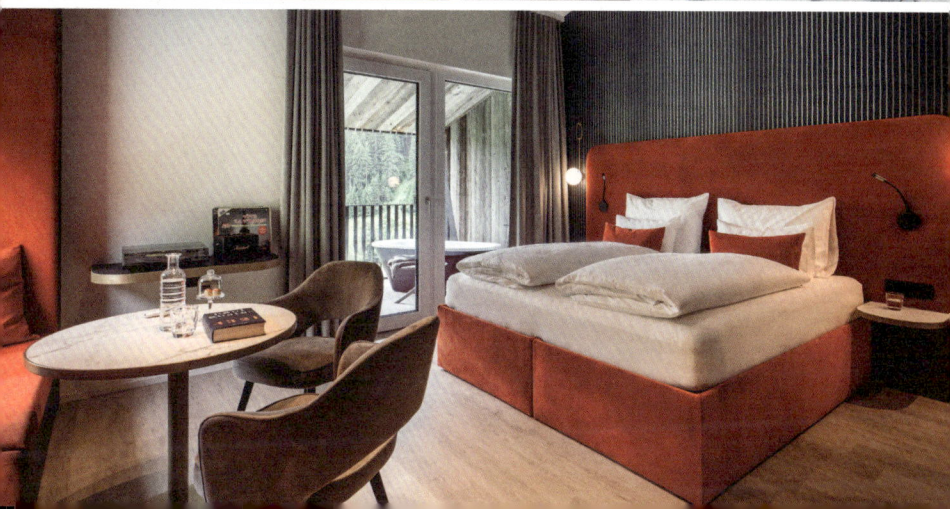

Jufenalm

Wenn ich den Begriff „Boho" höre oder lese, dann denke ich sogleich an Ibiza, Hippies und Kate Moss, aber zunächst nicht an eine Alm auf 1.150 Metern mit Wildtiergehege und malerischer Bergkulisse. Aber so leicht kann man sich täuschen!

Unzählige Male bin ich hier schon gewesen. Ich bin vor allem oft im Winter von Maria Alm heraufgewandert, um zu rodeln oder einfach diesen besonderen Platz zu genießen. Als ich dann im Sommer 2021 lese, dass das erste „Boho Hotel der Alpen" hier eröffnet – auf *meiner(!)* Jufenalm – kann ich es erst gar nicht glauben. Ich schnappe mir die Wanderschuhe und lege beim Aufstieg meine persönliche Bestzeit hin! Die große Neugierde lässt mich schier den Berg hinauf schweben.

Die Jufenalm war schon immer schön, aber jetzt ist sie einfach außergewöhnlich! Familie Rohrmoser hat sich quasi neu erfunden und ihren eigenen „Bohemian Spirit" umgesetzt: frei, leicht und weltoffen und trotzdem ruhig, natürlich und erdig.

Kompliment – alles bestens gelungen. Und Kate Moss wär sicherlich auch begeistert, falls sie nicht ohnehin schon auf Besuch war?

JUFENALM
Jufen 10 | 5761 Maria Alm | +43 6584 7152 |
info@jufenalm.at | www.jufenalm.at

> 99
>
> Von den „Seesteg Plus Suiten"
> gelangt man direkt in
> den Wellnessbereich,
> und der „Golden Lake"
> Naturbadeteich
> liegt zu Füßen.
>
> 66

TaNte FriDa

Kennt ihr auch diesen Moment? Die Eltern haben gesagt das Christkind war da und ihr stürmt ins Zimmer und seid überwältigt vom schön geschmückten Baum und den glitzernden Sternspritzern und der Mund bleibt euch einfach staunend offen stehen?

So ähnlich ist es mir ergangen, als ich das erst 2021 eröffnete Familienhotel in Maria Alm besichtigt habe. „Erwachsen sein kann man auch zu Hause" steht über dem Eingang und ich bin schockverliebt in den süßen VW Bulli, der vorm Haus parkt!

Neben den abwechslungsreichen Zimmern gibts im Hotel eine „Wasser-Welt" auf 1.000 m^2 mit einer 80 Meter langen Rutsche. Die „Dschungelwelt" zieht sich über vier Etagen, darüber hinaus bietet TaNte FriDa eine Gokart-Bahn, ein Kino, einen Eislaufplatz im Winter und einen Garten mit Flying-Fox, Baumhaus und Hängebrücke im Sommer, um nur ein paar der Highlights zu erwähnen. Apropos „Erwachsen sein": Ich habe die Sorge, dass sich mehrere Väter eines Tages zu einer Gruppe zusammenrotten und in feindlicher Übernahme die Gokart-Bahn für sich beanspruchen. Kinder an die Macht!

FAMILIENHOTEL TANTE FRIDA
Hochkönigstraße 31 | 5761 Maria Alm | +43 6584 7738 |
info@ederhotel.com | www.ederfrida.com

> "
>
> Mir gehts wie Gorm in
> „Wicky und die starken Männer":
> Ich bin entzückt!
> Meinen Luftsprung müsst
> ihr euch jetzt einfach
> dazu denken.
>
> "

Forsthofgut

Das erste Mal habe ich 2012 im Forsthofgut genächtigt. Mit meiner Damenrunde war ich auf Radurlaub im Pinzgau und weil der Gegenwind so gemein zu uns war, sind wir hochroten Kopfes und verschwitzt im Hotel angekommen. Direkt beim Eingang stand auf einer Tafel „Wir begrüßen heute die Damen" – und dann unsere Namen dazu. So ein aufmerksames Willkommen hatten wir auch noch nie. Oft sind es eben gerade die kleinen Dinge, die einen Aufenthalt unvergesslich machen. Okay, vom großen Bio-Badesee schwärmen wir auch immer wieder und sowieso vom gesamten wunderbaren Haus.

2016 erfolgte dann der zweite Streich. Ski-Wochenende mit meinem Mann und diesmal blieb uns eine weitere „Kleinigkeit" noch lange in Erinnerung: Das neue waldSPA hatte eröffnet. Also, wenn es im Paradies einen Wellness-Bereich gibt, dann wurde er nach diesem Vorbild konzipiert.

Es wäre nicht das Forsthofgut, wenn es nicht schon wieder News gäbe: 2021 hat das waldSPA Seehaus sowie das japanisches Seerestaurant mit Showküche und Terrasse eröffnet. Ich freu mich ja schon so auf meinen dritten Besuch und ich bin mir sicher, es wird wieder viele „Kleinigkeiten" geben, die mich begeistern!

HOTEL FORSTHOFGUT
Hütten 2 | 5771 Leogang | +43 6583 8561 |
info@forsthofgut.at | www.forsthofgut.at

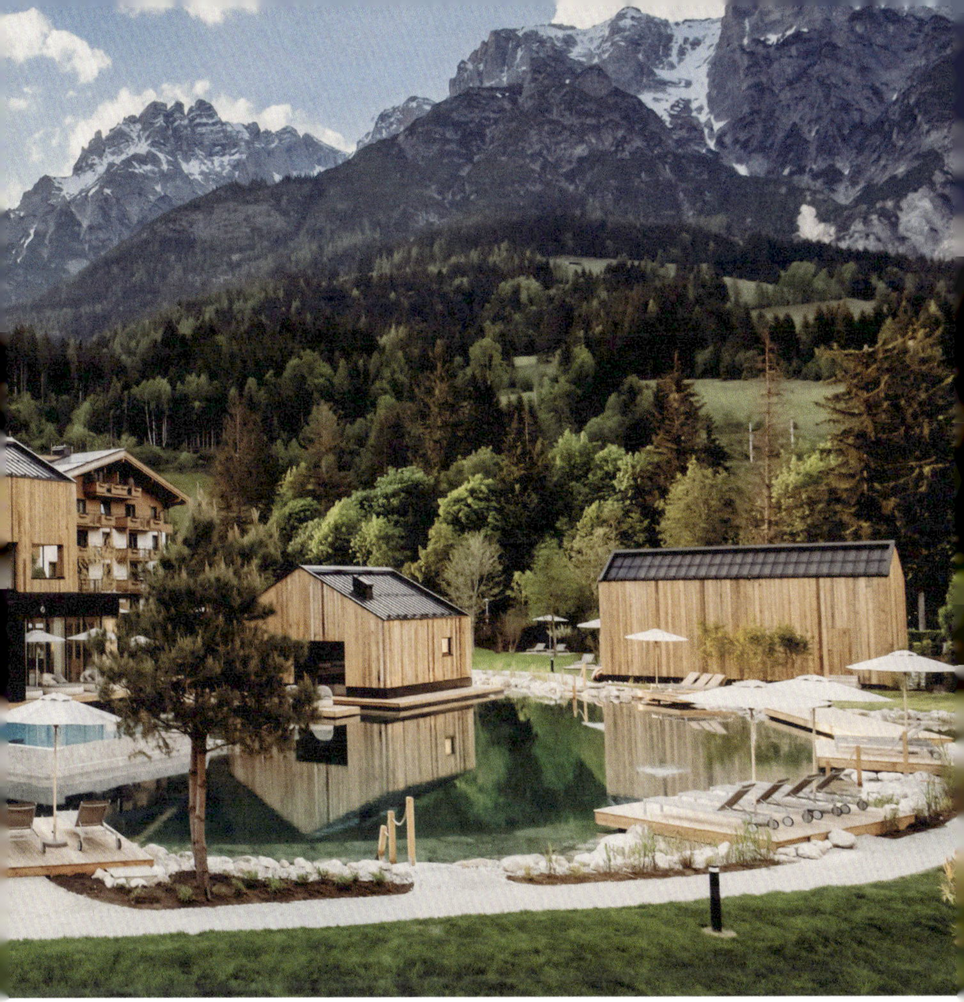

> **"**
>
> Wo bitte gibts das sonst:
> Der waldSPA Bereich „Family & Kids"
> hat 7/24 geöffnet – falls die Kinder
> mal schlecht schlafen!
>
> **"**

Nidum

„Das Nidum Casual Luxury ist ein Hotel für eine neue Generation von Reisenden, die in legerer Atmosphäre gehobenen Stil genießen möchten", lese ich auf der Homepage und dann noch kurz zusammengefasst: Ohne Krawatte – ohne Sorgen.

Die Krawatte ist meiner Ansicht nach ohnehin ein einziges Sorgenkind für den Mann. Zu eng gebunden sieht sie aus wie ein Galgenstrick, zu kurz zeigt sie wie ein Pfeil auf das mehr oder weniger wohlgeformte Bäuchlein und hängt sie etwas länger, zieht sie den Blick magisch auf die erogene Zone. Also, wenn das kein permanenter Stress ist?

Da mein Mann nur eine Fliege besitzt, besichtigen wir relativ relaxt dieses schöne Hotel am Seefelder Plateau. Ich muss sagen, die Aussicht auf das umliegende Bergpanorama: einfach WOW! Ebenso die vier luxuriösen „WOW Suites" mit zwei Schlafzimmern, zwei Bädern und einer eigenen Sauna. WOW sind aber auch alle anderen Zimmer mit ihrer Ausstattung in hellem Holz, riesigen Panoramafenstern und Balkonen. Jetzt hör ich auch gleich wieder auf zu bellen, aber noch ein letztes WOW für die in den Fels gebaute „In Da Mountains Sauna", welche nur über eine Hängebrücke zu erreichen ist.

NIDUM CASUAL LUXURY HOTEL
Am Wiesenhang 1 | 6100 Mösern | +43 5212 20300 |
info@nidum-hotel.com | www.nidum-hotel.com

House Rule #1:
GOOD FOOD,
GOOD DRINKS,
GOOD PEOPLE,
GOOD TIMES.

Hygna Chalets

Darf ich euch neben meinen beiden Büchern noch ein weiteres empfehlen? Nämlich jenes von Meik Wiking, Leiter des Kopenhagener Instituts für Glücksforschung – ja, sowas gibts auch! – mit dem Titel „Hygge". Ich weiß, „Hygge" wird mittlerweile inflationär verwendet, aber wenn man genauer hinsieht, ist wirklich ganz viel Wahres dran.

„Hygna" ist ein Ortsteil von Reith im Alpbachtal, doch mein Hirn wollte hier offenbar unbedingt das Wort „Hygge" erkennen. Immerhin passt der Ausdruck perfekt für die im Winter 2021 eröffneten Chalets!

Laut Glücksforscher Weiking bedeutet Hygge „Gemütlichkeit". Das trifft zu, denn hier ist es echt very cosy. Es bedeutet aber auch „die Abwesenheit von Störfaktoren". Auch dafür gibts 100 Punkte, denn die Chalets befinden sich abseits von Lärm und Trubel, im ursprünglichen Alpbachtal. „Gemütliches Beisammensein" ist wichtig zum Glücklichsein, deshalb haben in manchen Häusern bis zu sieben Personen Platz, und dann braucht es noch ein gemütliches Sofa, Kerzenschein und Kakao. Letzteres tausche ich gegen ein Glas Rotwein ein, aber ansonsten alles Hygge pur in Hygna!

HYGNA CHALETS
Hygna 36 | 6235 Reith im Alpbachtal | +43 5337 21818 |
hello@hygna.at | www.hygna.at

Einige Chalets haben einen
privaten Edelstahl-Whirlpool,
ansonsten plantscht
es sich hervorragend
im Heustadl-Infinity-
Becken.

Linde

Was war zuerst da? Das Huhn oder das Ei? Evolutionsforscher haben in diesem Fall schon die Lösung gefunden, aber ich habe mir bei meinem Besuch in Stumm im Zillertal eine ganz ähnliche Frage gestellt: Ist der 500 Jahre alte Landgasthof mit rot-weißen Holz-Fensterläden nach der prächtigen Linde vor dem Haus benannt oder wurde der Baum zwecks Namensgebung einfach nachträglich gepflanzt? Die Antwort bleibt mein Geheimnis und ist auf der Homepage nachzulesen.

Doch nun zurück zu Huhn und Ei. Beides gibts zur Genüge in dem Familienbetrieb, der vom Gault&Millau Magazin zum „Wirtshaus des Jahres 2020" ausgezeichneten wurde. Aber auch eine ordentliche „Schweinerei" mit Backerl, Bauch und Oberleber aus der eigenen Landwirtschaft findet sich auf der Speisekarte.

Am besten schmeckts mir in der romantischen, mit Holz-Ornamenten verzierten Gartenlaube, aber auch im herrlichen Obstgarten und in der zünftigen Stube lässt es sich wunderbar speisen! Ich bin ja keine Restaurant- sondern eine Unterkunftsführerin. Darum darf ich auf keinen Fall vergessen, euch meine Bewertung zu verraten: Es gibt auch fünf chic&cosy Hauben für die neun charmanten Zimmer bzw. exklusiven Suiten.

HOTEL & LANDGASTHOF LINDE
Dorf 2 | 6275 Stumm | +43 5283 2277 |
info@landgasthof-linde.at | www.landgasthof-linde.at

„

Für alle, die sich trauen,
ist der Landgasthof auch
eine traumhafte
Hochzeitslocation!

„

LANDGASTHOF

Das Posthotel

Das Posthotel ist ein 5-Sterne Boutique Hotel und gehört zum erlesenen Kreis der „Small Luxury Hotels of the World". In Österreich gibt es nur neun davon. Das Altstadt Vienna (in diesem Buch auf Seite 25 beschrieben) darf sich ebenfalls so nennen. Und nun – Fanfare bitte – kommt schon die nächste hochkarätige Auszeichnung daher: Es ist ab jetzt auch ein chic&cosy Hotel!

Mitten im Ortskern steht das Haus mit der markanten Außenfassade. Einmal eingetreten, ist man vom Posthotel mit seiner farbenfrohen Lobby sofort verzaubert. Florale Tapeten treffen absolut meinen Geschmack, samtiges Mobiliar sowieso und mitten in der Lobby ein grün gekachelter Ofen, in dem auch Brot frisch gebacken wird.

Very chic&cosy vor allem die Skylofts ganz oben. Diese sind nach historischen Persönlichkeiten benannt und wurden so eingerichtet, wie es den Namensgebern gefallen hätte. So ist zum Beispiel die Himmelsgucker-Suite „Kopernikus" mit einem Globus und einem recht guten Fernrohr auf der Terrasse ausgestattet und in der Suite „Heinrich" (Harrer) hängt ein Kimono an der Wand. Den Eisheiligen „Pankraz" mag ich persönlich nicht so gern, aber die Suite mit der edlen Zirbenholzvertäfelung und der alten Bauerntruhe gefällt mir ausgesprochen gut.

DAS POSTHOTEL
Rohrerstraße 4 | 6280 Zell am Ziller | +43 5282 2236 |
info@zillerseasons.at | www.dasposthotel.at

“

Viele der Antiquitäten hat
der Hausherr selbst bei Auktionen
erstanden und so finden sich überall
im Haus wertvolle Bilder, Kunstwerke
und Möbel aus Holz,
die ihre eigenen
Geschichten erzählen.

“

Kraftalm

Ich muss mich gleich vorab entschuldigen, aber sobald ich irgendwo „Wilder Kaiser" höre oder lese, geht bei mir das Kopfkino los. Bully Herbig hat mich da mit seiner Parodie irgendwie getriggert und dann bekam mein Mann auch noch eine Unterhose vom Label „Ein Schöner Fleck Erde" geschenkt. Und was glaubt ihr steht prominent platziert vorn drauf?

Wir sitzen in der Salvistagondelbahn und ich lasse mich sogleich durch die herrliche Bergwelt von meinen schmutzigen Gedanken ablenken. Unser Ziel ist die im Frühjahr 2021 neu eröffnete Kraftalm. Bereits die Bilder auf der Homepage haben mein Herz höher schlagen lassen – modernes Design gepaart mit rustikalem Holz. Herrlich heimelig.

Die Schwestern Marion und Evelyn haben hier auf 1.355 Metern die bisherige Ski-Hütte aus Familienbesitz komplett entfernt und stattdessen ein kleines, aber mehr als feines Almhotel erschaffen. In den Galerie-Zimmern kann man im Bett liegend im Sternenhimmel versinken, und bucht man „Weit.Sicht", dann hat man einen fantastischen Blick auf jenen Gebirgsstock, dessen Namen ich jetzt nicht nennen will!

KRAFTALM
Barmerberg 24 | 6305 Itter | +43 5332 75152 |
hallo@kraftalm.at | www.kraftalm.at

> **"**
>
> Der Infinity-Pool wird von der
> eigenen Hausquelle gespeist und
> auch Sauna und Ruheraum bieten
> Panorama-Wellness vom Feinsten.
> Ein absoluter Hotspot!
>
> **"**

Seebichl

Wer bisher noch nicht an die „Liebe auf den ersten Blick"
geglaubt hat, dem empfehle ich einen Besuch in diesem alpinen
Designhotel. Mit einer Freundin fahre ich nach Kitzbühel, um mir
das Haus anzusehen. Schon beim Anblick der rabenschwarzen
Außenfassade und der mehr als üppigen Balkonbepflanzung
weiß ich, der Weg hat sich gelohnt.

Spätestens nach Betreten der Rezeption steht fest: Es ist um
mich geschehen! Als „Wassermännin" fühle ich mich am wohls-
ten, wenn es leger hergeht. Die Hauskatze begrüßt uns freundlich und wir setzen uns auf einen der gemütlichen Vintage-
Stühle, zahlreiche Coffee Table Books liegen und stehen griffbe-
reit da. Am liebsten möchte ich sofort alle durchblättern.

Architekt Alfons Walde – eher als Künstler bekannt – hat dieses
Gebäude einst entworfen. Jahrzehnte später haben die zwei
unkonventionell denkenden Brüder Sebastian und Max das
geschichtsträchtige Haus ihres Großvaters, mit der schönen
Terrasse und der neuen Sauna, in einen chic&cosy Lieblingsplatz
verwandelt. Love it!

HOTEL-RESTAURANT SEEBICHL
Seebichlweg 37 | 6370 Kitzbühel | +43 5356 62525 |
info@hotel-seebichl.at | www.hotel-seebichl.at

99

Zum Schwarzsee sind es nur
ein paar Schritte, die Langlaufloipe
führt direkt am Haus vorbei und
der private Ski-Shuttle bringt Gäste
in nur fünf Minuten
zur nächsten Gondel.

66

The Secret Sölden

Wenn ich an Sölden denke, dann verbinde ich diesen Ort sofort mit einem unglaublich tollen Event! Die meisten von euch werden an den jährlichen Weltcup-Skiauftakt denken. Ja, das auch, aber noch viel aufregender ist das alle zwei Jahre stattfindende Gletscherschauspiel „Hannibal". Ein absolutes MUST sag ich euch!

Nicht minder spektakulär ist dieses erst Anfang März 2022 eröffnete Apartment Resort! Schon die kupferfarbigen Paneele an der Fassade und der opulente goldene Eingang machen das Haus zu einem perfekten Drehort für „007 Goldfinger" reloaded.

In der chilligen Tagesbar „LA'LIV" mit Lobby, offener Kamin-Lounge und verwinkelten Séparées kann man frühstücken oder ganztags snacken. Dabei solltet ihr bitte immer die Augen offen halten und schielen, ob Daniel Craig zufällig des Weges kommt und euch auf einen Drink einlädt. Seit im Jahr 2015 in Sölden für den Hollywood-Blockbuster „Spectre" gedreht wurde, weht ein Hauch von James Bond durch den Ort. Dieser macht sich auch im THE SECRET bemerkbar und so zieht sich der Pistolenlauf als Stilelement durch das Hotel. „No time to die" in diesem amazing Hotel!

THE SECRET SÖLDEN
Oberwindaustraße 19 | 6450 Sölden | +43 5254 2600 |
info@the-secret-soelden.com | www.the-secret-soelden.com

> ❝
> Martini geschüttelt und nicht gerührt
> gibts auch in der coolen Skybar
> „THE VUE" mit Blick
> zu den Sternen.
> ❞

Das TSCHOFEN

Schon von außen beeindruckt mich das historische Gebäude in der Bludenzer Innenstadt mit seiner imposanten Wandmalerei – großes Kompliment, wie dieses ehrwürdige Haus von seinen neuen Eigentümern, dem Geschwisterpaar Sandro und Valentina, komplett umgebaut und revitalisiert wurde.

Akribisch, wie ich bin, habe ich die Homepage natürlich von vorn bis hinten durchgelesen und viele charmante Details entdeckt. So gibt es beispielsweise „Das TSCHOFEN Eat & Sleep" mit einer Übernachtung und 3-Gänge-Menü für Leute, die einmal Tapetenwechsel brauchen. Angelina Jolie und Brad Pitt sind auch immer wieder von ihren vielen Kindern ins Hotel geflüchtet, hab ich mal in einer Frauen-Fachzeitschrift gelesen. Und weil sich bei uns die Katze seit Jahren in der Besucherritze breit macht, wäre mein Liebster über dieses Special Offer sicherlich auch hocherfreut.

Diesmal gibts aber leider nur „Eat". Aber was heißt hier leider? Fantastisch hat das Auberginengulasch geschmeckt und auch mein Mann war im Glück mit seinem Wiener Schnitzel. Das „Sleep" holen wir demnächst nach. Versprochen!

DAS TSCHOFEN
Rathausgasse 2 | 6700 Bludenz | +43 5552 20877 |
hotel@dastschofen.at | www.dastschofen.at

> Neben den hübschen Zimmern gibts im Dachgeschoß des Hauses eine Sauna und Ruheraum mit herrlichem Ausblick über die Dächer der Stadt.

Knappaboda

Habt ihr gewusst, dass Lech am Arlberg international die größte Dichte an Haubenlokalen hat? Es ist also nicht nur für Skifahrer, sondern auch für Gourmets das Paradies auf Erden. So, und jetzt mein Geheimtipp, wie ihr euch selbst auch mit weniger Budget kulinarisch auf höchstem Niveau verwöhnen könnt: Checkt ein im Knappaboda!

Conny und Maximilian haben 2021 den elterlichen Betrieb übernommen und in ein Apart-Hotel mit acht Wohneinheiten verwandelt. Die Appartements für zwei bis sechs Personen sind modern-urban mit wertigen Möbeln eingerichtet. Kein Wunder, denn der Hausherr führt so ganz nebenbei auch seinen Handwerksbetrieb „Raum und Einrichtung Walch" und versteht sein Geschäft bestens, wie man sieht.

Ach ja – und nun der Tipp: In der hauseigenen „Knapperei" findet ihr neben Käse, Wurst und Marmeladen auch Speisen im Glas, die von unterschiedlichen Haubenköchen in Lech zubereitet werden. Ihr könnt dann selbst ganz standesgemäß eine (Woll)haube aufsetzen und in der stylischen Küche das Festmahl anrichten. Mahlzeit!

KNAPPABODA APPART HOTEL
Omesberg 461 | 6764 Lech | +43 5583 3520 |
apparthotel@knappaboda.com | www.knappaboda.com

> "
> Das find ich bemerkenswert:
> Die Appartements werden
> täglich gereinigt.
> Nur nicht montags –
> da haben die guten
> Feen frei!
> "

Biberkopf

Ich finde, auf der Bucket-List eines jeden Schifahrers sollte unbedingt stehen: einmal im Leben Ski-Urlaub am Arlberg machen.
Das größte Skigebiet Österreichs mit 306 Pistenkilometern hat
wahrlich seine Reize, das kann ich euch versichern!

Mein Mann und ich besuchen Freunde in Vorarlberg und weil
ich von der Eröffnung eines neuen Lifestyle-Hotels gelesen habe,
fahren wir nicht direttissima, sondern machen einen Abstecher
ins kleine Örtchen Warth. In der höchstgelegenen Gemeinde
Österreichs mit nur 150 Einwohnern finden wir die Ortsmitte
rasch, vor allem auch, weil die beiden neuen Häuser ein absoluter Hingucker sind.

Zum Hingucken ist aber auch alles andere: viel Holz und schickes
Mobiliar versprühen in den 65 Zimmern und 8 Suiten alpinen
Charme und – sorry, wenn ich mich wiederhole – Panoramafens-
ter mit Sitzbank mag ich einfach besonders gern. Ein absolutes
Highlight ist auch der Hotelaufzug, der direkt zur Bergbahn und
somit auf die Piste führt. Bitte unbedingt die Arlberg-Bucket-List
ergänzen: ganz bald Urlaub im Biberkopf machen!

BERGHOTEL BIBERKOPF
Warth 28 | 6767 Warth | +43 5583 41800 |
office@biberkopf.at | www.biberkopf.at

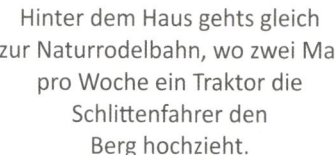

„

Hinter dem Haus gehts gleich
zur Naturrodelbahn, wo zwei Mal
pro Woche ein Traktor die
Schlittenfahrer den
Berg hochzieht.

„

Amrai Suites

Meine über alles geliebte Tochter heißt Flora. Vielleicht fühle ich mich deshalb zu allem Blumigen sofort hingezogen – so auch zur Außenfassade der Amrai Suites, die fast einem Blütenmeer gleicht.

Auch Amrai, die virtuelle Namensgeberin der 2021 eröffneten Suites, mags floral und deshalb rankt sich so einiges auf Möbeln und Bezügen durchs ganze Haus, in Anlehnung an die Montafoner Tracht. Amrai liebt aber auch das hier beheimatete Steinschaf und deshalb nennt sie die Zimmer „Schafgemach". Unschuldslämmer und Schwarze Schafe werden sich gleichermaßen wohlfühlen in den modernen Zimmern mit schön bestickten Stühlen und Kissen.

Auf dem Weg zum Wellnessbereich diskutieren mein Mann und ich noch lebhaft über die Rollenverteilung in unserer Herde, doch sobald wir den „Stólla" erreicht haben, ist Schluss mit dem Geblöke! „Dr Stólla" (= der Stollen, in Anlehnung an den ehemaligen Montafoner Bergbau) ist absolut fantastisch. Stein und Kupfer sowie gedämpftes Licht schaffen eine fast mystische Atmosphäre. Hier findet sich kein Wolf im Schafspelz!

AMRAI SUITES
Außerlitzstraße 23 | 6780 Schruns | +43 5556 211200 |
info@amrai-suites.at | www.amrai-suites.at

> **"**
>
> In den hübschen Zimmern
> mit den flauschigen Betten
> braucht man abends sicherlich
> nicht viele Schäfchen zählen,
> um einzuschlafen!
>
> **"**

VISIT CABINSKI.AT

CABI
NSKI nice to
miet me

Cabinski

Cabinski ist das erste „Pop-up-Hotel" im Montafon. Wie das geht? „Aufgepoppt" ist es in nur drei Tagen. So lange hat es im Sommer 2020 gedauert, die zehn Tiny Homes aufzustellen. Pop-up-Hotel heißt es deshalb, weil die Pacht für das Grundstück nur für 25 Jahre zu haben war.

Also beeilt euch bitte, nicht dass ihr dieses Zeitfenster verpasst, um die gut durchdachten, aus heimischen Hölzern gefertigten Häuschen auszuprobieren. Mit nur 27 m² sind die Mobile Homes jedoch wahre Raumwunder! Ein Stockbett, allerdings 180 Zentimeter breit und oben mit Blick zum Sternenhimmel, schafft genügend Schlafplatz für einen Friends-Urlaub oder auch für Familien. Die Küche ist voll ausgestattet mit Cerankochfeld, Geschirrspüler und Mikrowelle samt Grillfunktion, und mit der Spotify „Bleib-sauber-Playlist" duscht es sich im Tageslichtbad einfach beschwingter.

Im Sommer genießt man die schöne Umgebung auf der eigenen Terrasse und im Winter kann das Schneetreiben von der gemütlichen Fensterbank beobachtet werden. Klein aber oho!

CABINSKI
Kreuzgasse 107 | 6791 St. Gallenkirch |
stay@cabinski.at | www.cabinski.at

> "
>
> Falls ihr einen großen Garten,
> eine Dachterrasse oder einen
> ungenutzten Parkplatz habt und
> zusätzlichen Wohnraum braucht –
> Cabinski Tiny Home
> kann man auch kaufen!
>
> "

Bar10Zimmer

Susanne, Manfred und ich – uns drei verbindet eine gemeinsame Leidenschaft: Wir wohnen gerne in schönen und außergewöhnlichen Hotels und deshalb haben wir unser Hobby zumindest zum (Neben)beruf gemacht. Mein zweites Buch haltet ihr in Händen, die beiden dagegen waren noch viel mutiger und haben 2018 ein altes Haus in Dornbirn gekauft und, wie es der Name schon ankündigt, in eine Bar mit zehn Zimmern verwandelt.

Keep it simple – dieses Konzept beginnt schon beim Branding und setzt sich in den Zimmern fort. Da ich fast immer barfuß gehe, fällt mir gleich der schöne Naturboden auf, aber auch die geradlinigen Möbel aus hellem Holz und dazwischen immer wieder das eine oder andere Design-Highlight: ein knallroter Stuhl, ein Schriftzug an der Wand, aber auch die alten Deckenbalken in Zimmer Nummer 10.

Einen Frühstücksraum gibt es nicht, dafür ist ja schließlich die Bar da. Als Koffein-Junkie bin ich mit dem fantastischen Espresso Macchiato überglücklich und freu mich darüber, dass sich hier Hausgäste und (für meine Ohren) eindeutig fremdsprachige Einheimische an der Messingtheke vermischen. Daumen hoch für dieses gelungene Haus!

BAR10ZIMMER
Marktstraße 73 | 6850 Dornbirn | +43 5572 890999 |
welcome@bar10zimmer.at | www.bar10zimmer.at

> **99**
>
> In der Bar gibt es ganztags eine Auswahl kleiner Speisen und eine erlesene Weinkarte für ein After-Work-Glaserl.
>
> **66**

Fuchsegg

Ich bin mittlerweile ein ziemlicher Fuchs, wenns darum geht, schöne Unterkünfte zu finden. Aber wahrscheinlich freue ich mich selbst am meisten über meine Neuentdeckungen und ich muss sagen, hier hat sich das in der Fabel als schlau bekannte Tier einen besonders schönen Bau zugelegt!

Mitten im Bregenzerwald in der Marktgemeinde Egg liegt diese bezaubernde Lodge auf 9.000 m² inmitten von Wiesen, Wäldern und Bergen. Verteilt auf drei Häuser befinden sich unter anderem „Fuchsnester" für zwei Personen oder „Fux-Chalets" mit zwei getrennten Räumen, Kamin und privater Veranda. Ziemlich ausgefuchst auch die Apartments „Freundeskreis", wo bis zu vier Zimmer zu einem privaten Refugium inklusive Küche zusammengelegt werden können.

Auf dem Gelände gibts noch ein Saunahaus und einen herrlichen Relax- und Wellnessbereich mit ganzjährig geöffnetem Außenpool, Yoga-Räume und die Tenn, eine Scheune mit Verleih von Simplon E-Bikes und einen Spielbereich für die kleinen Besucher. Dass „Fuchs und Henne" hier nicht fehlen darf, ist eh klar.

FUCHSEGG ECO LODGE
Amagmach 1301 | 6863 Egg | +43 5512 44544 |
hallo@fuchsegg.at | www.fuchsegg.at

Das Herzstück der Fuchsegg Eco Lodge
ist das Gasthaus, das auch gern
Tagesbesucher und
Einheimische
begrüßt.

Bären

„Maria & Josef" wären vor über 2000 Jahren sehr begeistert gewesen von dieser schönen Herberge im Bregenzerwald. Josef war ja Zimmermann, soviel ich weiß, und würde sicher sanft über das schöne und schlichte Mobiliar des Hauses streichen, das aus heimischen Hölzern erbaut wurde.

„Maria & Josef" heißt auch das Gastgeberpaar, das seit 2015 nach aufwändigen Umbauarbeiten im Zentrum von Mellau dieses ungezwungene Boutiquehotel betreibt. Das Augenmerk lag auf modern, aber entspannt, natürlich und detailbewusst – und alles gepaart mit viel emotionaler Wärme. Das merkt man gleich.

Im Stall von Bethlehem herrschte ja auch ein Kommen und Gehen – ihr wisst schon, die Heiligen Drei Könige, die Hirten und wer weiß, wer sonst noch alles da war. IHRE Gäste bewirten Maria und Josef deshalb im „Cafe Deli Vorarlberg" mit regionalem Superfrühstück und für mich am wichtigsten: einem ausgezeichneten Fair Trade-Kaffee, der von ausgebildeten Baristas zubereitet wird. Ein „Hoch die Tassen" auf dieses gelungene Haus!

HOTEL BÄREN UND CAFÉ DELI
Platz 66 | 6881 Mellau | +43 5518 2207 |
hotel@baerenmellau.at | www.baerenmellau.at

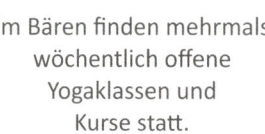

"

Im Bären finden mehrmals
wöchentlich offene
Yogaklassen und
Kurse statt.

"

Chesa Valisa

Nicht immer ist drin, was draufsteht? Es geht auch andersrum!
Im Naturhotel Chesa Valisa („Haus der Walser" wie es übersetzt
aus dem Rätoromanischen heißt), ist viel mehr Natur drin, als es
im ersten Moment erscheinen mag.

Bereits seit 14 Generationen lebt die Familie an diesem wunderschönen Platz auf über 1.200 Höhenmetern mit fantastischem
Blick auf die imposante Bergwelt. Schon 2007 wurde mit Bio
begonnen, aus Überzeugung und nicht weil es im Trend war, und
mittlerweile sind ALLE Produkte aus biologischer Landwirtschaft,
auch der Wein, und das energetisierte Quellwasser kommt aus
dem eigenen Brunnen.

Neben der frischen Gebirgsluft, den hübschen Zimmern und dem
charmanten Wellnessbereich gibts NATÜRlich auch ganz wunder-
bare Gesundheits-Angebote wie beispielsweise Ayurveda-
Schnuppertage, Yoga-Intensiv-Wochen, Me-Time-Detox- oder
auch Rücken-Aktiv-Programme. Ein perfekter Ort um Energie zu
tanken und die Kraft der Natur zu spüren!

DAS NATURHOTEL CHESA VALISA
Gerbeweg 18 | 6992 Hirschegg | +43 5517 54140 |
info@naturhotel.at | www.naturhotel.at

> 99
>
> Natürliche Baustoffe
> wie Holz und Lehm
> sorgen im gesamten Hotel
> für ein wunderbares
> Raumklima.
>
> 66

GmoaHouse

Alle, die mich ein bisschen besser kennen, wissen: Ich trinke gerne Rotwein. Meine Geschmacksknospen sind aber leider sehr wählerisch. Es kommt daher schon mal vor, dass ich meinen Lieblingsrebensaft in Trinkflaschen, Marmeladegläsern oder diversen Gebinden heimlich in der Handtasche mitführe, wenn ich weiß, meine Gastgeber haben nichts Passendes für mich.

Warum ich euch das erzähle? Oggau ist die älteste Rotweingemeinde Österreichs und daher wars eine Frage der Zeit, bis ich hier herkommen musste! Bei dieser Gelegenheit hab ich auch gleich ein weiteres Highlight dieser Gegend entdeckt: das „GmoaHouse".

Leute vom Land wie ich kennen natürlich den Ausdruck „Gmoa". Es ist die Gemeinde und das GmoaHouse befindet sich im wahrscheinlich ältesten (Gemeinde)Wirtshaus von Oggau. Genau dorthin hat es den Wiener Fotokünstler Lukas samt Frau und Tochter verschlagen. Neben Wohnhaus und Atelier wurde der älteste Teil des Hauses 2020 in drei ganz außergewöhnliche Galerie-Appartements umgebaut. Zugleich fungieren sie auch als Ausstellungsfläche für die Werke des Hausherrn. Mit einem Glas Rotwein in der Hand kann ich versichern: very chic&cosy!

GMOAHOUSE
Hauptstraße 54 | 7063 Oggau am Neusiedler See | +43 664 4636691 | lukas@gmoahouse.at | www.gmoahouse.at

"

Der Innenhof ist in jedem Detail
liebevoll gestaltet und bietet
verschiedene gemütliche
Platzerl zum
Grillen & Chillen.

"

Drahteselböck

Seit Jahren möchte ich schon den Neusiedlersee mit dem Fahrrad umrunden. 125 Kilometer und 150 Höhenmeter sind das, habe ich gelesen. Es muss auch landschaftlich wunderschön sein. Wann ich die Umrundung anpacke, ist ungewiss. Auf jeden Fall weiß ich aber jetzt schon, wo ich danach meine müden Beine ausstrecke.

Auch Familie Eselböck hat einen guten Draht zum Rad, das merkt man gleich. Direkt am Radweg gelegen, betreiben sie in Rust ein Eldorado für Pedalritter in einem Haus aus den 70er Jahren.

Die Fahrradpension ist rundum originell und velo-affin eingerichtet: Im Frühstücksraum hängt ein Vintage-Drahtesel an der Wand, einzelne Reifen in den Retro-Zimmern, wo auch großflächige Tapeten zum Volkssport Nr. 1 animieren. Der Garten mit Pool ist recht lauschig. Ideal zum Chillen, wenn man davor brav gestrampelt ist oder einfach nur ganz relaxt die Biografie von Lance Armstrong lesen will. Und wer Spitzenkoch Walter Eselböck vom Taubenkobel kennt, wird nicht verwundert sein, dass das Frühstück so großartig ist wie ein Sieg bei der Tour de France.

PENSION DRAHTESELBÖCK
Dorfmeistergasse 21 | 7071 Rust am See | +43 2685 301 oder +43 676 3755248 | pension@drahteselboeck.com | www.drahteselboeck.com

> „
>
> Im eigenen Drahteselstall
> übernachten die Räder bestens,
> und hier können auch E-Bikes
> neue Kräfte sammeln.
>
> „

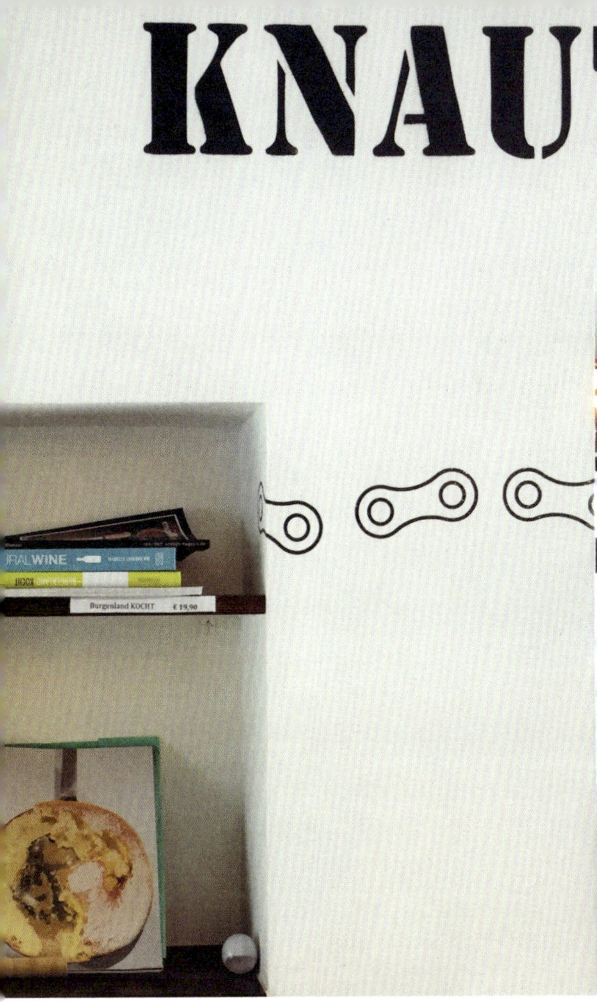
KNAUTSC
WINE
Burgenland KOCHT € 19,90
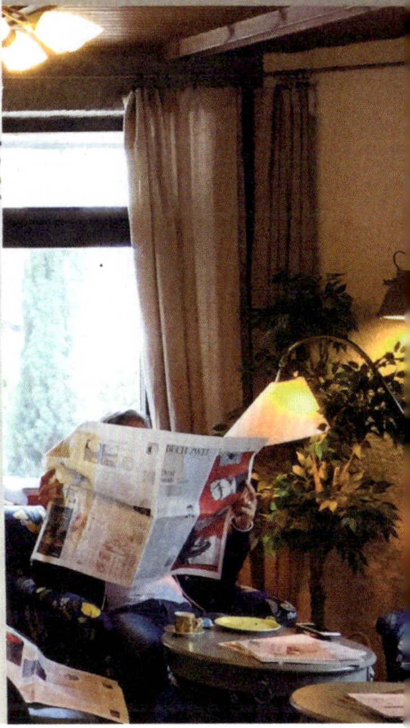

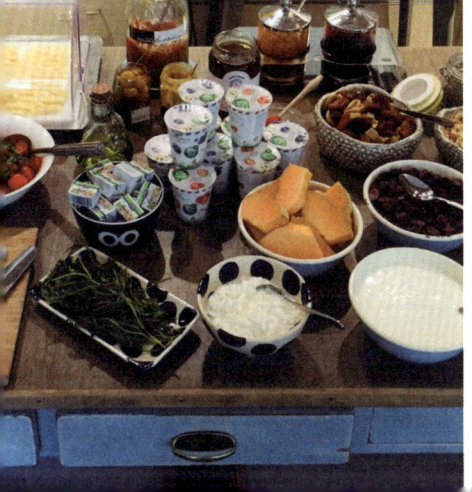

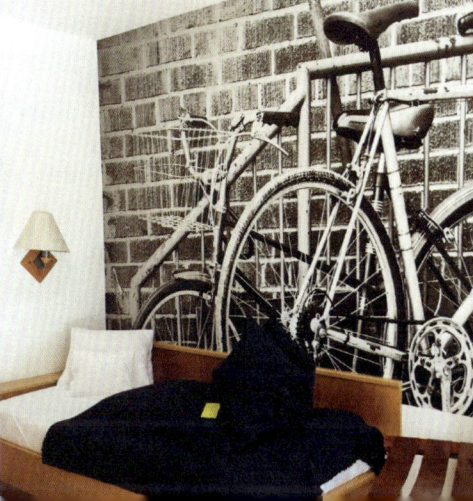

Ollers

„Birgit und Hubert haben ein Meisterwerk erschaffen", hat eine glückliche Kundin ins Gästebuch der Homepage geschrieben und ich kann nur beipflichten. Die beiden sind viel in der Welt herumgekommen und haben im Südburgenland ihren Traum verwirklicht. Aus der ursprünglichen Idee eines Bed&Breakfast ist dann allerdings weitaus mehr geworden.

Ollers – das ist ein Dreikanthof mit stilsicher eingerichteten Zimmern, einer allgemein zugänglichen Wohnküche (das mag ich besonders gern), einer windgeschützten Veranda mit Feuerplatz und Backofen sowie einem „Ollersraum". Dieser bietet mit 60 m² genügend Platz für Yoga-Retreats, aber auch mit Beamer und Soundsystem ausgestattet, kann er für Meetings und Veranstaltungen aller Art genutzt werden. Ansonsten lässt es sich aber ziemlich gut am Pool faulenzen und die herrliche Aussicht genießen.

Wie wärs mal mit „Farmer for one day"? Ollers ist auch ein landwirtschaftlicher Betrieb mit Weingarten und Wildniskultur und freut sich über jede Hilfe beim Hegen und Pflegen sowie Säen und Ernten. Der Traktor steht schon bereit!

OLLERS
Neudauer Landstraße 93 | 7533 Ollersdorf | +43 664 1040000 | hallo@ollers.at | www.ollers.at

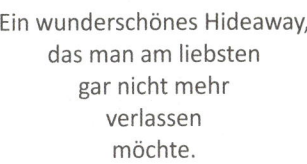

Ein wunderschönes Hideaway,
das man am liebsten
gar nicht mehr
verlassen
möchte.

Laschalt Biohofgut

Ich hoffe, ich werde jetzt nicht des Plagiats bezichtigt. Aber irgendwo hat irgendwer mal geschrieben, dass in unserer Gesellschaft vieles verkehrt läuft! Noch im letzten Jahrhundert war „bio" das Normale. Es musste deshalb gar nicht extra gekennzeichnet werden, bis dann ab den 1950ern die synthetischen Pestizide in der Landwirtschaft großflächig verwendet wurden und Antibiotika in der Massentierhaltung Einzug hielten.

Umso mehr freut es mich, dass Iris und Martin ihrem Lebenstraum ein „BIO" vorangesetzt haben. Auf einem Hügel, inmitten alter Streuobstwiesen, haben die beiden den Bauernhof des Großvaters zu einem Hofladen mit Direktvermarktung veredelt. Die Hausherrin bäckt Brot und Martin züchtet Freilandschweine der Rasse Duroc. Alle am Hof selbst produzierten sowie viele weitere Leckereien aus der Region können im ehemaligen Schweinestall neben einem gemütlichen Kaminfeuer erworben und verkostet werden.

Und weil mir jetzt gerade das Wasser im Mund zusammenläuft, hätte ich beinahe vergessen, eines zu erwähnen: Es gibt auch vier sehr hübsche Appartements!

LASCHALT BIOHOFGUT
Langer Berg 34 | 7572 Rohrbrunn | +43 664 1252788 |
iris.laschalt@biohofgut.at | www.biohofgut.at

> Alle Appartements haben einen
> eigenen Zugang, Balkon
> oder Privatterrasse,
> und das Bio-Frühstück
> wird jeden Tag an
> die Tür serviert.

ARGOS

Wenn ich in ein Museum gehe oder alle zwei Jahre – mein absoluter Pflichttermin – zur Kunst-Biennale nach Venedig fahre, dann stehe ich oft da und frage mich: Was möchte mir der Künstler oder die Künstlerin damit sagen?

Als ich hingegen das erste Mal vor dem 2020 eröffneten „Argos Full-Service Apartment"-Haus stand, dachte ich mir, da hat jemand ein Auge auf mich geworfen! Oder handelt es sich um ein internationales Zyklopentreffen in der Grazer Innenstadt?

So schlecht war meine Einschätzung gar nicht. Die weltweit preisgekrönte Star-Architektin Zaha Hadid hat sich bei der Gestaltung der Außenfassade vom griechischen Giganten „Argos" mit seinen hunderten Augen inspirieren lassen und 43 davon nach außen gestülpt.

Mit Argusaugen hab ich natürlich auch die 21 Appartements betrachtet. In verschiedenen Größen und in den Farben grün, dunkel- und hellblau sowie orange und brombeer können sie für eine Nacht oder auch einen längeren Zeitraum gemietet werden. Der Retro-Look erinnert an den Space Age-Stil der 70er Jahre und manche der Wohnungen haben sogar einen kleinen Wintergarten. Aber Vorsicht – der geht ins Auge.

ARGOS
Burggasse 15 | 8010 Graz | +43 664 9652584 |
office@argos-graz.at | www.argos-graz.at

> ❝
>
> Wenn der Magen knurrt,
> kann man den Einkaufsservice
> zum Befüllen des Kühlschranks
> ordern. Ansonsten bucht der
> „Digitale Concierge Service"
> auch gern ein
> Restaurant.
>
> ❝

De Merin

Mal abgesehen von Falten und grauen Haaren hat das Alter auch seine Vorteile: So hat man schon einiges erlebt und dementsprechend viel zu erzählen. Auch dieses im Sommer 2021 eröffnete Boutiquehotel könnte wohl die eine oder andere Geschichte von längst vergangenen Tagen zum Besten geben.

Das alte Gemäuer strahlt eine besondere Aura aus und ich weiß auch warum: Ein Teil des Hauses war einst Bäckerei und Kaufmannsladen, deshalb schmeckt das Frühstück so herrlich, das auf Etageren serviert wird. Auch eine Tierarztpraxis war eingemietet – daher Hunde always welcome, gegen Anmeldung bitte. Außerdem diente es als öffentliche Bücherei. Mein Hotelguide war damals noch nicht darin zu finden. Die lockere und ungezwungene Atmosphäre im Boutiquehotel muss wohl vom Karma des Österreichischen Kabarett-Archivs stammen.

Die frommen Schulschwestern der Pfarre Straden waren auch untergebracht, haben aber sicherlich nicht in derart sündig schönen Suiten gewohnt, wo grüner Samt auf Stuck und glamouröse Lüster trifft und französische Raffinesse die Details bestimmt.

DE MERIN – BOUTIQUE HOTEL STRADEN
Straden 3-4 | 8345 Straden | +43 3473 72299 |
info@hotel-demerin.at | www.hotel-demerin.at

> "
>
> Überall im Haus –
> in den Suiten,
> Fluren und Nischen –
> findet sich Gegenwartskunst
> von renommierten und
> aufstrebenden
> Künstlern.
>
> "

Villa Thermale

Ein Herr hat mich nach meinem ersten Buch angeschrieben und meinte, dass seine Pension sicher gut in meinen nächsten Guide passen würde. Mit dem Nachsatz: Bei uns ist es viel schöner als es auf den Bildern aussieht. Das versteh ich nicht. Wenn ich etwas verkaufen bzw. vermieten möchte, dann müssen doch die Fotos ansprechend sein, damit potenzielle Gäste nicht gleich in die unendlichen Tiefen des Internets weiterklicken und nach besseren Alternativen suchen.

Die Villa Thermale hat mich dagegen mit ihrem Bild – bitte einmal umblättern – sofort in ihren Bann gezogen. Mitten im Grünen, im Steirischen Vulkanland, erinnert mich das hübsche Hotel Garni mit dem roten Buick vor der Tür, fast ein bisschen an die Häuser bei den „Desperate Housewives" in der Wisteria Lane.

Verzweifelt muss hier aber niemand sein – ganz im Gegenteil. Eingang und Frühstücksbereich sowie die meisten Zimmer und Appartements wurden 2021 neu gestaltet und mit viel Liebe zum Detail eingerichtet. Räder sowie eine Rikscha können kostenfrei ausgeliehen werden. Und alle, die lieber den schönen Garten genießen, können meditativ den Hasen beim Hoppeln zusehen. So sweet!

HOTELPENSION VILLA THERMALE
Magland 62a | 8352 Unterlamm | +43 664 5820065 |
urlaub@villathermale.at | www.villathermale.at

> Zum Frühstück gibts nur
> Regionales und Hausgemachtes.
> Dabei wird ganz besonders
> auf plastikfreie Verpackungen
> geachtet. Das gefällt mir!

Gut Hornegg

Da es von Salzburg aus in die Südsteiermark doch ein paar Kilometer sind, nerve ich meinen Mann im Auto mit: „Frische Fische fischt Fischers Fritz". Unser Ziel ist nämlich ein kleines (Fisch-) Paradies auf Erden. Inmitten der steirischen Hügellandschaft befindet sich ein Anwesen, wie es idyllischer nicht sein könnte: Gut Hornegg.

Seit 1620 wird hier in den hauseigenen Teichen Fisch gezüchtet, und wer übernachtet, kann im Hofladen rund um die Uhr frischen Hecht und Zander sowie Sülzchen und Aufstriche kaufen.

Apropos übernachten: F(r)isch verliebt bin ich sogleich in die drei Schloss-Appartements mit ihren 1,5 Meter dicken Mauern und den hohen loftartigen Räumen, aber vor allem in die beiden Wohnungen in der ehemaligen Orangerie! Sehr nachhaltig und charmant wurde alles mit Mobiliar, das im Gutshof schon vorhanden war, von der Hausherrin Marie-Theres eingerichtet. Sie hat dabei auch Mut zur Patina und zum Imperfekten bewiesen. Mein Fazit: Absolut perfekt für Familien und Menschen, die das Besondere suchen!

GUT HORNEGG
Schloss Hornegg 1 | 8504 Tobis | +43 3185 2304 |
teichwirtschaft@gut-hornegg.at | www.gut-hornegg.at

Der große Spiegelteich und Haselgrabenteich mit Badesteg, Liegewiese und Kanu stehen den Gästen exklusiv zur Verfügung.

FourElements

Als passionierte Asterix-Leserin habe ich solide Grundkenntnisse in Latein erworben und so kann ich sprachsicher behaupten: „Nomen est omen!" Wenn eine Unterkunft „Living by Berger" heißt, dann kann es nur superb sein. Und Hermann Berger macht unserem Namen alle Ehre.

Veni, Vidi, Vici – der Wiener „kam, sah und siegte", als er 2015 das Grundstück im Nationalpark Gesäuse kaufte. Eigentlich wollte er einfach einen Campingplatz errichten. Jetzt ist eher „Glamping" daraus geworden: Die umwerfend coolen Häuser basieren auf den vier Elementen „Erde, Luft, Feuer und Wasser" und zwei davon schweben teilweise über einer atemberaubenden 60 Meter tiefen Schlucht!

Wie soll ich jetzt noch in ein paar Zeilen diese outstanding Chalets beschreiben? Geht nicht. Schaut euch bitte die Homepage an und lasst mich einfach hier noch mit meinem Fremdsprachen-Repertoire prahlen: „Alea iacta est" – Die Würfel sind gefallen, bei Bergers buch ich mich fix bald ein!

FOURELEMENTS – LIVING BY BERGER
Palfau 3 | 8923 Palfau | +43 676 898509106 |
office@fourelements.world | www.fourelements.world

> Täglich wird ein Frühstückskorb
> mit regionalen Köstlichkeiten
> zum Haus gebracht.

Holzhackerin

Alle, die sich für den Wintersport interessieren, kennen natürlich die Planai in Schladming und das legendäre „Nightrace". Ich
hatte einmal das Vergnügen live beim Slalom-Rennen dabei zu
sein, im Hexenkessel mit zigtausenden anderen Fans. Doch bei
meinem nächsten Besuch werde ich ganz bestimmt bei der Holzhackerin „einfädeln".

Direkt an der Piste, 300 Meter über dem Talboden und mit Blick
auf den Zielhang, liegt das Haus, wo fast 50 Jahre lang sämtliche
Ski-Stars in der einstigen „Holzhackerstube" ein- und ausgegan-
gen sind. Seit Dezember 2021 erfreut es nun – umgebaut und
renoviert – auch nicht ganz so prominente Skifahrer wie mich.

Im Gegensatz zu mir haben sich die vier Appartements mit ihren
vielen Wohlfühlplätzen einen Stockerlplatz eindeutig verdient!
Gold für den von mir geliebten Windowseat mit Blick auf den
Dachstein, Gold für die Sauna und noch einmal Gold für die
eigene Terrasse oder den Balkon. Medaillenregen pur für das
charmante Haus am Berg und seine gmiatlichen Wohnungen!

HOLZHACKERIN
Harreiterweg 59 | 8971 Schladming | +43 664 1356353 |
stay@holzhackerin.at | www.holzhackerin.at

> **„**
>
> Die gute alte Stube mit Kachelofen
> ist immer noch das Herzstück
> des Hauses und Ort
> der Begegnung.
>
> **"**

Schmiedgut

Eine meiner Freundinnen hatte schon in einer Zeitschrift von der bevorstehenden Eröffnung des Schmiedguts gelesen und das Foto sah äußerst vielversprechend aus. So haben wir nach unserem Mädelsausflug im Dachstein 7 beschlossen, über das Ausseerland heimzufahren, um uns selbst ein Bild zu machen. Das Hof-Ensemble stand kurz vor der Eröffnung und da niemand anzutreffen war, sind wir ganz frech herumspaziert und haben uns die Nasen an den Scheiben plattgedrückt, um alles zu begutachten.

Wir waren begeistert: Die Schönheit dieses Platzes, mit Blick auf den Dachsteingletscher und die umliegenden Berge ist kaum zu beschreiben! Wie im Bilderbuch auch alles andere: das 20.000 m² große Areal mit dem alten Obstgarten, der idyllisch angelegte Schwimmteich. Und dann gibts noch den aufwändig renovierten Hof, die Schmiede und die zwei neuen Häuser „Wald&Wiese" sowie „Zirbenwipfel" zu mieten.

Bucht euch ganz bald hier ein, entdeckt die vielen spannenden Details und lasst euch von den Gastgebern Barbara und Bernhard alles persönlich erzählen. Ihr werdet genauso begeistert sein wie meine Ladys und ich!

SCHMIEDGUT
Schmiedgutstraße 20 | 8990 Bad Aussee | +43 676 4221662 |
urlaub@schmiedgut-badaussee.at | www.schmiedgut-badaussee.at

> So schön hat euer Auto
> sicher noch nie geparkt:
> Kunstwerke machen auch
> die Garage wohnlich!

Strandcafe

Das Wort „Hideaway" lese ich ziemlich oft, wenn ich auf der Suche nach neuen Lieblingsplätzen bin und so habe ich Google um eine Übersetzung bemüht. Der englische Ausdruck „to hide away" steht für „sich verstecken" oder „sich an einen Zufluchtsort zurückziehen". Was soll ich sagen? Diese Beschreibungen passen einfach perfekt zu diesem entzückenden „Strandcafé".

Nur zu Fuß entlang des Altausseer Rundwegs oder über eine schmale Schotterstraße kommt man zu diesem bezaubernden Versteck. Ein wahrer Zufluchtsort, abseits von Lärm und Hektik. Ich fühle mich fast ein bisschen ins letzte Jahrhundert versetzt und es würde mich keineswegs überraschen „Sissi und Franz" hier kaffeetrinkend anzutreffen.

Unterschlüpfen kann man hier auch ganz kaiserlich! Die ehemaligen Badekabinen wurden in sechs Appartements verwandelt und überaus kuschelig eingerichtet. Der Blick durch die großen Fenster auf den blaugrünen See und hinüber zu Loser und Trisselwand ist einfach majestätisch. Ein ganz besonders schönes Refugium!

STRANDCAFE
Puchen 197 | 8992 Altaussee | +43 664 2129309 |
willkommen@strandcafe.at | www.strandcafe.at

> 99
>
> Ein absolutes Juwel
> im Salzkammergut,
> und auf der hauseigenen
> Seeterrasse schmecken
> Forelle und Saibling
> einfach wunderbar.
>
> 66

Seehotel Grundlsee

„Warum in die Ferne schweifen? Sieh, das Gute liegt so nah!"
Ich kann die Aussage meines Schriftsteller-Kollegen Johann
Wolfgang von Goethe nur uneingeschränkt teilen.

Wenn ich für ein Wochenende mal Tapetenwechsel brauche,
dann schlage ich geistig mit dem Zirkel einen Kreis um Salzburg
und schaue, wie weit ich im Radius von maximal zwei Stunden
Anreisezeit komme. So auch an diesem Frühlingswochenende
mit meinem Mann. Zum Grundlsee sind es von uns gerade mal
89 Kilometer und da ich schon von der Neu-Übernahme des See-
hotels gelesen hatte, war das Ausflugsziel schnell fixiert.

Ich sags gleich: Wunderhübsch ist es hier! Vom Zimmer mit
seinen bodentiefen Fenstern haben wir einen fantastischen
Blick über den See, der auch das „Steirische Meer" genannt
wird. Alles strahlt hier so eine wohlige Harmonie aus: Die edlen
Materialien und Hölzer, Loden und Leinen und alles in perfekter
Symbiose mit Moderner Kunst.

Die Seeterrasse ist sehr gut besucht und wir sind froh, dass wir
noch einen Tisch ergattern. Der Magen ist alsbald mit kulinari-
schen Köstlichkeiten gefüllt, doch an diesem schönen Ort haben
wir uns noch lange nicht sattgesehen.

SEEHOTEL GRUNDLSEE
Mosern 22 | 8993 Grundlsee | +43 3622 86044 |
willkommen@seehotel-grundlsee.at | www.seehotelgrundlsee.at

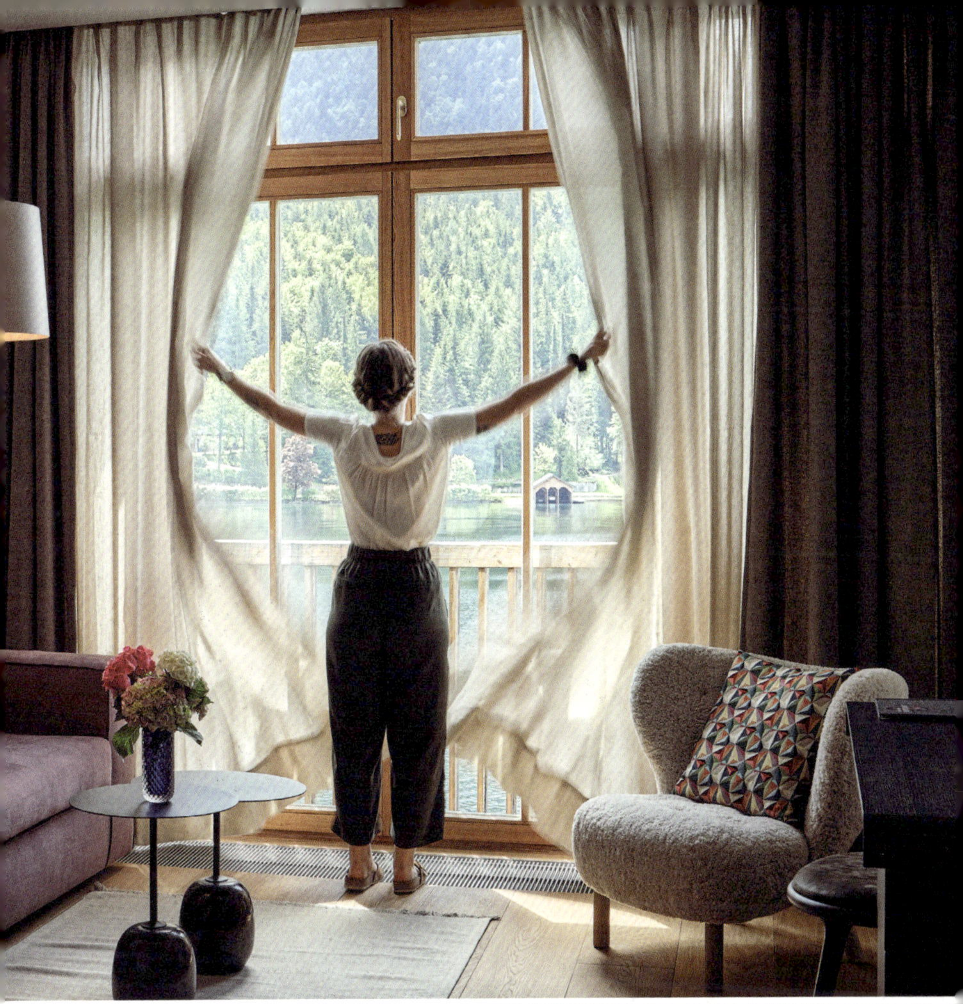

> **"**
> Der Seepavillon kann für Seminare
> gemietet werden.
> Wenn das Mal
> kein schöner Arbeitsplatz ist?
> **"**

Kellerstöckl Steinreib

Wie wärs wieder mal mit einem romantischen Urlaub? Zu einem besonderen Anlass etwa? Ein runder Geburtstag oder Flitterwochen gar? Oder einfach Auszeit vom Alltag nur zu zweit? Meine Top-Empfehlung dafür ist dieses schmucke Häuschen inmitten der Schilcherweinberge in der Südsteiermark.

Das Chalet Steinreib ist so eine Art Tiny Home, dafür aber sehr luxuriös! Ein altes Kellerstöckl hat sich mit einem jungen Zubau zusammengefunden, wahrscheinlich auf Tinder, und ich muss sagen, sie sind trotz des großes Altersunterschieds ein wunderschönes Paar. Hoffentlich hält die Liaison lange an!

Die Voraussetzungen dafür sind denkbar gut: Die Aussicht über die Weinberge bis hinüber ins nahe Slowenien ist fantastisch. Der Infinity-Pool vom Feinsten, und ziehen erste dunkle Wolken am Liebeshimmel auf, dann erwärmt der Blick durch die Panoramaverglasung der Sauna die Herzen sofort. Falls es mal richtig kracht, dann bietet der hauseigene Weinkeller genügend Auswahl, um über den Kummer hinwegzukommen!

Zu tief darf man im Kellerstöckl Steinreib allerdings nicht ins Glas schauen: Die Tür ins Schlafgemach ist niedrig und die Holzleiter ins Oberstübchen steil.

STEIRERBLICKE
Schilcher Weinstraße | +43 664 88252515 |
info@steirerblicke.at | www.steirerblicke.at

Zusätzlich zum Kellerstöckl Steinreib gibts zwei weitere wunderschöne Unterkünfte: das Schilcherhaus und das Chalet Hochgrailblick.

VILLA 100UND10

Ich glaube, in diese Villa am Fuße des Kreuzbergls, genau zwischen Klagenfurts Innenstadt und Wörthersee, hätte ich mich auch sofort verliebt. So geschehen beim Architektenpaar Iris und Gerfried. Immer wieder sind die beiden an dem hübschen Häuschen vorbeispaziert. Als es dann eines Tages zum Verkauf stand, überlegten sie nicht lange.

Mit 110 Prozent Elan haben sich die beiden ans Werk gemacht, um die schmucke Stadtvilla in der Koschatstraße 100und10 behutsam und voller Ehrfurcht vor dem Alter zu renovieren. Türen wurden abgeschliffen und neu lackiert, unter zwei Schichten Spannteppich kam eine wunderschöne Holztreppe zum Vorschein. Die alten Balken tragen zum Charme des Lofts im Obergeschoß bei.

Moos, Rose, Stone und Pazifik sind die Farbwelten in den gleichnamigen Appartements für zwei bis vier Personen. Und falls die Entourage größer ausfällt, dann können dank Verbindungstür jeweils zwei Einheiten zusammengelegt werden. Auf meiner persönlichen Irmi-Wertungsskala gibts für diese schmucke Villa 100und10 Punkte!

VILLA 100UND10
Koschatstraße 110 | 9020 Klagenfurt | +43 664 1122821 |
villa@100und10.at | www.100und10.at

"

Im Garten mit seinen schönen
alten Bäumen gibt es ein
Kräuterbeet, an dem sich
auch die Gäste
bedienen
dürfen.

"

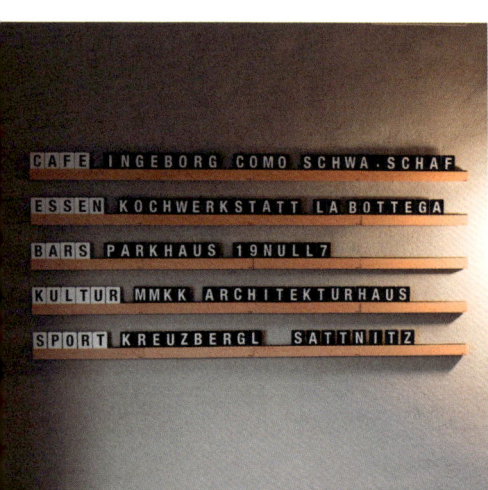

Schlosshotel Velden

Wer braucht schon Mallorca, Ibiza oder Mykonos, wenn es auch in Kärnten einen coolen Beachclub gibt? Für mein Girls-Weekend buche ich uns deshalb im Schlosshotel Velden ein, das nicht nur zu den „Leading Hotels of the World" gehört, sondern auch durch die Serie „Ein Schloss am Wörthersee" in 40 Ländern Berühmtheit erlangte.

Wir reisen mit meinem betagten Land Rover an – der Verkäufer meinte, mit diesem Auto kann man sich trotz seines hohen Alters selbst in Monaco sehen lassen – und so brauch ich auch nicht den hauseigenen Rolls Royce-Flughafenshuttle bemühen.

Wir sind früh dran. Bis unsere Zimmer fertig sind, machen wir uns deshalb auf den Weg zum Privatstrand und der ist filmreif! Vor dem beheizten Pool schimmert der See grün-blau und die Drinks werden direkt an die Liegestühle serviert. In den fünf Séparées kann ein leichtes Mittagessen eingenommen werden und auf Wunsch wird hier sogar ein Fernseher installiert. Ich hätte große Lust mir eine Folge mit dem „TV-Hoteldirektor" Roy Black anzusehen.

FALKENSTEINER SCHLOSSHOTEL VELDEN
Schlosspark 1 | 9220 Velden am Wörthersee | +43 4274 520000 |
schlossvelden@reservations.falkensteiner.com | www.falkensteiner.com

> 99
>
> Mediterranes Feeling,
> einen wunderschönen Ausblick und
> herrlichen Fisch aus eigener Zucht
> gibt es im Restaurant
> Seespitz.
>
> 66

Brandlalm

Auf der Alm, da gibts koa Sünd! Ich habe gelesen, dass damals – wie auch heute – die Arbeit der Sennerinnen sehr hart war und liebeshungrige Burschen meistens einen sehr steilen Weg auf sich nehmen mussten. So meint das Sprichwort wohl, dass der Besuch oft nach einem Busserl aufgrund Entkräftung zu Ende ging. Mhm.

Das Sündigen geht seit 2020 auf der Brandlalm im Kärtner Lavantal eindeutig leichter! Die vier nach den keltischen Baumkreiszeichen Ruis (Linde), Tinne (Ahorn), Duir (Eiche) und Beith (Birke) benannten Chalets sind „adults only" und der 1425 Meter hohe Aufstieg kann heutzutage ganz gemütlich in 25 Minuten mit dem Auto erfolgen. Die Linde gilt als Symbol der Liebe und so lassen sich in der gleichnamigen Lodge auf 180 m² mit beheiztem Whirlpool, einer Panoramasauna und Ruheraum ganz entspannt die Freuden des Lebens genießen.

Man kann aber auch nur ganz fromm auf der Terrasse sitzen und den herrlichen Ausblick genießen, die frische Luft einatmen und neue Kräfte an diesem wunderbaren Ort tanken. Amen!

BRANDLALM
Gundisch-Nord 51 - 55 | 9423 St. Georgen / Gundisch | +43 664 2813027 | office@brandlalm.at | www.brandlalm.at

> In der „Mei Speis" können regionale Lebensmittel erworben werden, und auf Bestellung wird der Einkauf auch hier in ein Schließfach zugestellt.

Sportalm

„God morgon" hört man seit Juni 2020 nun öfter in Bad Klein-
kirchheim. Weil mein Waschbeckenunterschrank von IKEA auch
so heißt, dachte ich mir erst, der Möbelriese hat in der kleinen
Gemeinde von 1.874 Einwohnern eine Filiale eröffnet. Doch es
ist ganz anders.

Halb-Schwedin Jessica hat sich hier mit ihrem Lebensgefährten
Kevin den Traum eines eigenen Hotels erfüllt. Beide waren schon
in der Luxus-Hotellerie tätig und „luxurious" soll's auch weiter-
gehen, aber diesmal „casual".

Das junge Gastgeberpaar hat dem traditionellen Hotel Sportalm,
direkt an der Talstation Kaiserburg, auch ohne viel IKEA-Mobiliar
skandinavischen Lifestyle eingehaucht. Die 17 renovierten Zimmer und Suiten haben einen coolen und frischen Style, zu dem
auch bemalte Bauernmöbel bestens passen. Vom Alm-Wellness-
bereich ist der Blick auf die Skipiste spektakulär und wenn jetzt
gleich Franz Klammer zur Tür hereinkommt, dann würde mich
das gar nicht wundern! „Jag gillar det" – so sagt man in Schwe-
den „Gefällt mir"!

HOTEL SPORTALM
Enzianstraße 13 | 9546 Bad Kleinkirchheim | +43 676 6372032 |
servus@hotelsportalm.com | www.hotelsportalm.com

> 99
>
> Lustige Elchbilder und
> coole Sprüche sind
> überall im Haus zu finden –
> auch im „Cozy-Zimmer".
>
> 66

Villa Verdin

Am Ende meines Buches angelangt möchte ich mich nun gerne
outen. Auch wenn euch nun vor Entsetzen die Gesichtszüge
entgleiten: Ich schaue gern „Germany's Next Topmodel"! Und
von Heidi Klum habe ich gelernt, dass es ganz wichtig ist, wer die
Show eröffnet und beendet. Mein Buch beendet diese einzigar-
tige Villa am Millstätter See und wie auch bei den großen Mode-
schauen auf der ganzen Welt sticht hier einfach das „Besondere"
hervor.

Wie immer habe ich auf den Bewertungsplattformen alles durch-
forstet und hier für euch eine illustre Sammlung von Statements
zusammengestellt, die diesen Platz ziemlich gut beschreiben:
Schönstes Platzl am See – Geheimtipp – skurril – schräg –
großartige Oase – anders – ein kleines Paradies – originell –
fantastico – das etwas andere Hotel – einzigartiges und internationales Flair – ich komme wieder – Hemingway hätte hier
geschrieben, Freud geträumt und Amy gesungen!

Andere fragen sich dagegen, ob manches schon „vintage" oder
nur einfach alt ist? Passt der Begriff „shabby chic" oder eher
„abgewetzt"? Macht euch einfach selbst ein Bild, aber ich kann
euch freudig sagen: Villa Verdin bekommt heute ein schönes
Foto von mir!

VILLA VERDIN
Seestraße 69 | 9872 Millstatt | +43 699 12029862 |
holiday@villaverdin.at | www.villaverdin.at

Österreichs Antwort auf
die Villa Kunterbunt
mit Strandbar und
À-la-carte-
Restaurant.

Bildnachweise:

Cover: © Villa Ivy / © Pia Clodi; Foto Buchklappe Irmi: © Wildbild/Doris Wild; Cover Innenseiten Muster: istockphoto.com/TAK; 4: The Guesthouse © Ana Sampaio Barros, 6-7: © mission.INGE.com, gr. Bild S. 7: © Andreas Scheiblecker; 8-11: Superbude Wien / © Jakub Markech; 12-15: magdas Hotel / © Peter Barci; 16-19: © Jaz in the City Vienna; 20-23: Hotel Motto / © Oliver Jiszda; 24: Altstadt Vienna / © Cathrine Stuckhard, 26: © Marisa Vranješ, Bild re. unten: © Constantin Witt-Dörring, 27: v. l.: © Marisa Vranješ, © Altstadt Hotel, © Cathrine Stuckhard, © Elisa Alberti, © Cathrine Stuckhard, © Altstadt Vienna; 28: Wiener Gäste Zimmer / © Hans Schubert, 30-31 v. l.: © Hans Schubert, © Hans Schubert, © Hans Schubert, © Petra Meisel, © Hans Schubert, © Petra Meisel; 32-35: Jo&Joe / © Abaca Press / Mitja Kobal; 36-39: Moxy Vienna Airport / © Cathine Stuckard; 40-43: Hotel Knappenhof / © Christian Husar; 44: Weingut Holzapfel / © Herbert Lehmann, 46-47 v. l.: © Johannes Kernmayer, © Monika Löff, © Monika Löff, © Petr Blaha; 48-51: Inns Holz / © Gruber Hotel GmbH; 52-55: Hotel Goldener Ochs / © Bureau Rabensteiner; 56-59: © Dachstein 7, 60-63: © Arthotel Blaue Gans / Ingo Pertramer; 64-67: Villa Ivy / © Pia Clodi; 68-71: Der Steinerwirt / © Rebecca von Rehn; 72-75: Villa Alma / © studio.eliste, S. 74 re. unten: © Aleksandra Garbarczyk; 76-79: Townhouse by Frauenzimmer / © Thomas Bachler; 80-83: © Peakini Klubhaus Lürzer; 84-87: © Hotel Blü Gastein; 88-91: © Goldstück; 92-95: Jufenalm / © NEST X NOMAD; 96-99: Familienhotel TaNte FriDa / © Eder Hotels GmbH; 100-103: © Forsthofgut; 104-107: © Hotel Nidum GmbH; 108-111: Hygna Chalets / © Bureau Rabensteiner; 112-115: Hotel & Landgasthof Linde / © Heli Hinkel; 116-119: Das Posthotel / @ ZillerSeasons ; 120-123: © Kraftalm; 124-127: Hotel & Seerestaurant Seebichl / © munichwithus; 128: The Secret Sölden / © Zuchna, 130-131 v. l.: © Zuchna, © Zuchna, © Going Places, © Going Places, © Going Places; 132-135: Das TSCHOFEN / © Hanno Mackowitz; 136-139: Knappaboda Apart Hotel / © Martin Schachenhofer; 140-143: Berghotel Biberkopf / © Michael Kreyer, 144-147: Amrai Suites / © Alpstein GmbH; 148-151: Cabinski / © Lena Everdin; 152: Bar10Zimmer / © prettyhotels, 154-155: © Kunststoph Stoph Sauter; 156: Fuchsegg Eco Lodge / Günter Standl, 158-159: © Günter Standl, S. 159 re. unten: © studioWälder; 160: Hotel Bären & Café Deli / © Stefan Leitner, 162-163 v. l.: © Angela Lamprecht, © Adolf Bereuter, © Adolf Bereuter, © Josef Frick, © Angela Lamprecht, © Angela Lamprecht, © Adolf Bereuter, ©Josef Frick; 164-167: © Das Naturhotel Chesa Valisa; 168-171: Gmoahouse / © LM Hüller; 172-175: © Drahtenselböck; 176-179: © Ollers; 180-183: © Laschalt Biohofgut; 184-187: ARGOS; 188-191: De Merin – Boutique Hotel Straden / © Jean Van Lülik; 192-195: © Villa Thermale Hotelpension, 196-199: Gut Hornegg / © Stephan Friesinger; 200-203: FourElements – Living by Berger / © Raffaele Walcher, S. 203 li. unten: © FourElements – Living by Berger; 204-207: © Holzhackerin, 208-211: Schmiedgut / © Martin Huber; 212-215: Strandcafe / © Lisa Rettenbacher Fotografie; 216-219: Seehotel Grundlsee / © Tauroa, 220-223: Kellerstöckl Steinreib / © Steirerblicke; 224-227: Villa100und10 / © Benjamin Hösel; 228-231: Falkensteiner Schlosshotel Velden / © Falkensteiner Hotels & Residences; 232-235: Brandlalm / © Rene Knabl 236-239: Hotel Sportalm / © Manuel Madaini Media; 240-243: © Villa Verdin.

Impressum:
chic&cosy
Schöner urlauben in Österreich II
1. Auflage März 2022

Autorin & Herausgeberin: Mag. Irmgard Berger, Grödigerstr. 21, 5081 Anif
Grafik: Irene Spalt // Text · Grafik · Design // spalt.co.at
Lektorat: Mag. Robert Gisshammer // Sprachservice.at
Druck: Offset 5020
www.chicandcosy.at
ISBN 978-3-96966-748-4